독일어사

이화남(李和男)

서울대학교 문리과대학 독어독문학과 졸업
서울대학교 대학원 독어독문학과 졸업
성균관대학교 대학원 독어독문학과 졸업
독일 Götingen 대학교 고전어학부 수학
문학박사
전 경북대학교 인문대학 독어독문학과 조교수
전 계명대학교 국제학부 독일학과 교수 정년퇴임

저서
논문 : Gebrauchsweise des Mediums im neutestamentlichen Griechisch und seine Ersatzformen
      in den späteren Sprachen 외 다수
역서 : Peter von Polenz 저, 『독일어사』, 서린문화사
      Schulz, Griesbach 저, 『독일어 문법』, 서린문화사
저서 : 『독문법』, 세기문화사
      『중고지독일어 문법』, 계명대학교 출판부
      『신약 성서 그리스어 문법』, 도서출판 영한
      『라틴어 문법』, 도서출판 영한
      『신약 성서 그리스어 중간태 연구』, 도서출판 영한

독일어사

개정판 1쇄 인쇄 2021년 5월 24일
개정판 1쇄 발행 2021년 5월 31일

지 은 이 이화남
펴 낸 이 박찬익

펴 낸 곳 ㈜ **박이정**
주   소 경기도 하남시 조정대로45 미사센텀비즈 7층 F749호
전   화 02-922-1192~3 / 031-792-1193, 1195
팩   스 02-928-4683
홈페이지 www.pjbook.com
이 메 일 pijbook@naver.com

등   록 2014년 8월 22일 제2020-000029호

ISBN 979-11-5848-619-8 93750

* 책값은 뒤표지에 있습니다.

GESCHICHTE DER DEUTSCHEN SPRACHE

독일어사

獨 逸 語 史

이화남 지음

(주)박이정

머리말

19세기 이후 독일에서는 역사비교언어학이 놀라운 발전을 이룩하여 오늘에 이르렀으며, 이에 따라 독일어사 역시 심도 있게 다루어지고 있는 것이다. 오늘날 통용되고 있는 신고지독일어(Neuhochdeutsch : nhd.)의 대부분의 언어 현상은, 진정한 의미에서의 독일어의 시발점이라 할 수 있는 고고지독일어(Althochdeutsch : ahd.) 이전의 제반 언어 현상에서 그 기원을 찾아야만하기 때문에, 독일어 이전의 인도유럽어의 역사를 독일어사에서 함께 살펴보아야만 하는 것이다. 그러나 우리 국내의 독어독문학계에서는 독일어사에 대한 인식도 제대로 되어 있지 않은 실정이고, 적지 않은 대학에서 독일어사 강좌를 개설하고 있지만, 독일어가 오늘날의 언어상을 갖추게 되기까지의 여러 고대어와 독일 및 유럽의 역사 전반에 관한 이해 부족으로 인하여 애로를 겪고 있는 실정이다.

독일에서는 어문학을 연구하는 이들은 누구나 그리스어와 라틴어에 대한 이해를 바탕으로 하고 있는 데에 반하여, 우리 국내에서는 그렇지 못하기 때문에 독일에서 발간된 독일어사에 관한 여러 훌륭한 서적들도 국내에서는 큰 도움이 되지 못한다는 것이 솔직한 고백이라 할 수 있을 것이다.

이에 필자는 누구나 쉽게 이해할 수 있는 독일어사에 대한 필요성을 절감하고서, 대학에서 이 강좌를 강의하면서 준비해 왔던 자료를 정리하여 1997년에 본서를 발간하였던 것이다. 그러나 주지하다시피 21세기에 접어들어서 우리 국내에서는 인문학이나 기초과학이나, 외국어 등의 연구에 있어서도 거의 모든 대학에서 실용적인 강좌 외에는 개설조차 되지 않는 실정이 되어버림에 따라, 필자의 본 독일어사를 출간하였던 출판사도 폐업해버려서, 필자는 이 암담한 시기가 끝나게 될 그날을 대비하여 다시 본 개정판을 준비하게 된 것이다.

개정판에서의 저술상의 특징은 기독교 신약성서를 여러 언어 간에 비교하면서 논술한 점을 들 수 있다. 기독교의 구약성서는 헤브라이어로 처음 기록되었지만, 신약성서가 처음 기록된 것은 알렉산드로스 제국의 통속헬라어인 Koine-Griechisch(Common Greek)로 기록된 점이다. 오늘날은 성경이 세계의 거의 모든 나라말로 번역되어 있으며, 심지어는 그리스보다 앞선 시대의 언어인 산스크리트어로도 번역되어 있기까지 한 것이다.

본서에서는 독일어사와 독일 역사 간의 관계를 서로 연관 지으며, 각 시대별 언어의 언어상과 그 변천과정을, 특히 변화의 근간을 이루는 명사 및 동사를 중심으로 기술하였다.

본서가 아직도 부족한 점이 있으리라 생각되지만, 관심 있는 이들에게 도움이 되기를 바라고, 부족한 점에 대하여서는 많은 충고가 있기를 바라는 바이다.

2021년 5월
저 자

약 어 표

abl. :	ablativus – 탈격(종격), 제5격	inf. :	infinitivus – 부정사
acc. :	accusativus – 대격, 제2격	ipf. :	imperfectus – 미완료
adj. :	adjectivum – 형용사	inst. :	instrumental – 구격, 제3격
adv. :	adverbum – 부사	lat. :	lateinisch – 라틴어
afries :	altfriesisch – 고대 프리슬란트 어	loc. :	locativus – 처격(의격), 제7격
ai. :	altindisch – 고대 인도어	mhd. :	mittelhochdeutsch – 중고지독일어
aisl :	altisländisch – 고대 아이슬란트 어	nhd. :	neuhochdeutsch – 신고지독일어
ahd. :	althochdeutsch – 고고지독일어	n. :	neutrum – 중성
aor. :	aoristus – 아오리스트 (과거형)	nom. :	nominativus – 주격, 제1격
as :	altsächsisch – 고대 작센 어	part. :	participium – 분사
conj. :	conjuntive – 접속법	par.	particula – 불변화사
dat. :	dativus – 여격, 제4격	pf. :	perfectus – 완료
f. :	femininum – 여성	pl. :	pluralis – 복수
frnhd. :	frühneuhochdeutsch – 초기신고지독일어	pres. :	presens – 현재
		pron. :	pronomen – 대명사
gen. :	genetivus – 속격, 제6격	ppr. :	present participle – 현재분사
germ. :	germanisch – 게르만 어	sg. :	singular – 단수
got. :	gotisch – 고트어	suff. :	suffix – 접미사
gr. :	griechisch – 그리스 어	urgerm. :	urgermanisch – 게르만 조어
idg. :	indogermanisch – 인도게르만 어	voc. :	vocativ – 호격, 제8격
ie. :	indoeuropäisch – 인도 유럽어		

7

차 례

Ⅱ. 게르만어(Germanisch)

Ⅲ. 고고지독일어(Althochdeutsch)

Ⅳ. 중고지독일어(Mittelhochdeutsch)

Ⅴ. 초기 신고지독일어(Frühneuhochdeutsch)

Ⅵ. 신고지독일어(Neuhochdeutsch)

Ⅰ. 인도유럽어(Indogermanisch)

1. 서설

독일어는 게르만어족에 속하는 언어이며, 이 게르만어는 다시 인도유럽어족(Indoeuropäisch : ie. 혹은 Indogermanisch : idg.)에 속하는 언어이다. 오늘날 인도유럽어족에 속하는 언어는 인도 대륙으로부터 중아아시아를 거쳐 유럽 대륙 전체와 아이슬란드에 이르기까지의 광대한 지역에서 사용되고 있으며, 여기서 제외되는 언어로는 헝가리어, 바스크어, 핀란드어 등 몇 개의 언어가 있을 따름이다.

인도유럽어는 기원전 3000년경부터 '그 조어(祖語)가' 여러 개별 언어로 분화하기 시작하여, 기원전 2000년대에 이르면 실제로 고대 인도어, 고대 그리스어, 히타이트어 등의 여러 개별 언어의 문헌이 전해지고 있다.

인도유럽어족에 속하는 언어에는 다음과 같은 언어가 존재한다.

1) Indisch :   Altindisch(Vedisch[1], Sanskrit[2])

Mittelindisch

Neuindisch

2) Iranisch : Altiranisch(Avestisch[3], Altpersisch[4])

Mitteliranisch

Neuiranisch

3) Griechisch : Altgriechisch[5]

Koine-Griechisch[6]

Neugriechisch

4) Italisch : 기원전 2000년대에 이탈리아 반도에서 사용되었던 언어로서, 고대에 사멸해버린 Oskisch-Umbrisch와, 후대에 라틴어로 계승된 Latino-Faliskisch의 두 언어가 존재하였으며, 기원전 6세기경부터 소수의 기록이 전해지고 있다. Italisch는 기원전 5세기부터 2세기 사이에 음운상의 일대 변화를 겪는다. 기원전 240년부터 100

---

1 Vedisch : 인도 Pandschab 지방의 북서 지역 방언으로서, 힌두교 종교문학에 쓰였던 언어이며, 기원전 2000년대 중반부터의 문헌이 전해지고 있다.

2 Sanscrit : 4세기 인도의 문법학자 Panini에 의하여 그 문법체계가 수립되었으며, 서기 500년에서 1000년 사이에 인도의 고전문학에 사용되었던 언어이다.

3 Avestisch : 본래는 Afghanistan의 북쪽 지역에서 Zoroaster교의 경전인 Avesta에 쓰였던 언어이지만, 오늘날의 경전은 고대의 Avestisch가 오랜 세월 동안 구전되어 오던 것이 5세기에 기록된 것이다.

4 Altpersisch : Avestisch보다는 다소 후대의 언어로서, 남부 Iran 지방에서 사용되었던 언어로서, 기원전 6세기부터 문헌이 전해지고 있다.

5 Altgriechisch : 고대 그리스어에는 Ionisch-Attisch, Archäisch, Dorisch-Nord west-griechisch의 3대 방언군이 존재하였으며, 기원전 2000년대 중반부터 소수의 기록이 전해지나, 본격적인 문헌은 기원전 8세기부터 전해지고 있다.

6 Koine-Griechisch : 여러 방언으로 구성되어 있었던 고대 그리스어가 기원전 4세기에 Alexandros 대제에 의하여 유럽 대륙과 지중해 연안 및 이집트와 서부 인도에 이르기까지의 광대한 지역에서 당시의 세계어로 사용되었던 언어이며, 신약성서가 처음부터 이 언어로 쓰여서 오늘에까지 전해지고 있다.

년까지의 라틴어를 고대 라틴어(Altlateinisch)라 하고, 기원전 100년부터 서기 200년대까지의 라틴어를 고전 라틴어(klassisches Lateinisch)라 하고, 서기 200년부터 600년까지의 라틴어를 통속라틴어(Vulgärlatein)라 칭한다.

5) Albanisch : 알바니아 및 그리스의 여러 도서 지역에서 주로 사용되었던 언어로서, Toskisch와 Gegisch의 두 방언이 존재하였으며, 15세기부터 기록이 전해지고 있다.

6) Armenisch : Altarmenisch(5세기~11세기)
Mittelarmenisch(11세기~17세기)
Neuarmenisch(17세기~현재)

7) Baltisch : 리투아니아 및 라트비아의 언어와, 16세기에 사멸한 Altpreußisch가 있다.

8) Germanisch[7]

9) Hethitisch : 기원전 18세기 무렵부터 소아시아 지방에서 사용되었던 언어로서, 기원전 2000년대의 중반부터 기록이 전해지고 있으나, 기원전 1200년대에 사멸하였다.

10) Illyrisch : 알바니아 지방에 살았던 일리리아족의 언어로서, 고대에는 특히 지중해 연안, 소아시아 지역에서 널리 사용되었다. 오늘날에는 지명이나 인명 등에 소수의 흔적이 남아 있을 뿐이다.

11) Pelasgisch : 그리스어 이전에 그리스의 도서 지방과 발칸 반도에서 사용되었던 언어이다.

---

7 Ⅱ. 게르만어 참조.

12) Phrygisch : 소아시아의 북서 지역에서 사용되었던 언어로서, 오늘날에는 명문(銘文)에만 남아있는 사어(死語)이다.

13) Slawisch : 기원전 1000년경부터 서기 800년경까지의 슬라브어를 Urslawisch라 하며, 8세기 이후부터의 das gemeine Slawisch는 오늘날 동유럽 여러 슬라브 국가의 국어로 사용되고 있다. 9세기부터 남슬라브어인 Altbulgarisch의 문헌이 전해지고 있다.

14) Thrakisch : 기원전 2000년대부터 발칸 반도의 중부지역에 살았던 트라키아족의 언어로 오늘날에는 사멸하였다.

15) Tocharisch : 기원전 8세기경부터 서기 8세기까지 아프가니스탄의 북부 지방의 Baktria왕국에서 사용되었던 언어로서 오늘날에는 사어이지만, 6세기부터 불교문학에 관한 문헌이 전해지고 있다.

16) Venetisch : 이탈리아의 베네치아 근처에서 사용되었던 언어이며, 명문(銘文)으로만 남아있을 뿐이다.

이들 인도유럽어족의 여러 언어에서는, 100을 의미하는 단어인 인도유럽어의 재구형 어형인 *kṃtóm[8]을 라틴어에서는 centum[kéntum]으로 표현하였던 반면에, Avestisch에서는 satem[sátəm]이라 표현하였으며, 이들 centum과 satem이라는 단어의 어두음(語頭音)을 각각 [kén-] 및 [sá-]로 서로 다르게 발음하는 기준에 따라, 인도유럽어족의 언어는 Kentum 어군과 Satem 어군으로 구분하고 있다.

---

8 문헌으로는 존재하지 않으나, 후대의 여러 개별언어의 어휘와 문법에 근거하여 재구성한 단어를 August Schleicher는 그 앞에 *표를 붙여 표현하였다.

Kentum 어군 : Germanisch, Griechisch, Hethitisch, Illyrisch, Italisch,
       Keltisch, Tocharisch, Venetisch

Satem 어군 : Albanisch, Armenisch, Baltisch, Indisch, Iranisch,
       Slawisch, Thrakisch

종래에는 인도유럽어 권에서 서방의 언어들은 centum 어군에 속하고,
동방의 언어들은 satem 어군에 속한다고 이해하였으나, 인도유럽어 지
역의 동방 변두리의 Tocharisch(Baktria왕국의 토카라어)와 터키의 중서
부에 위치한 Hethitisch(히타이트어)가 centum 어군에 속하는 언어라는
사실이 밝혀짐으로 인하여, 이 분류기준에 의문이 제기되었던 것이다.

그러나 여기에는 박트리아 왕국이 Alexandros 대왕의 사후에 대왕의
부하장군이었던 셀레우코스가 건설한 나라로서, 지배계급인 그리스인들
이 수백 년간 박트리아 국민들의 언어 및 문화 전반에 걸쳐 그리스적인
영향을 끼친 결과로 인하여, 토카라 어가 centum 어군이 되었을 것이다.

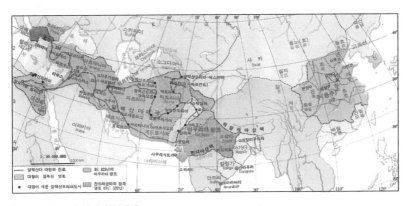

알렉산더 제국과 헬레니즘 세계

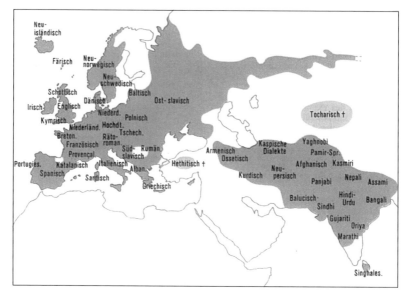

기원전 4세기 후반의 세계(dtv-Atlas zur deutschen Sprachen. s.40 인용)

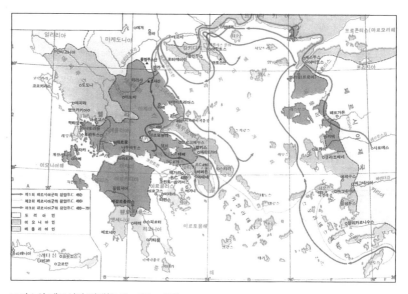

그리스와 페르시아 전쟁(B.C. 492~479)

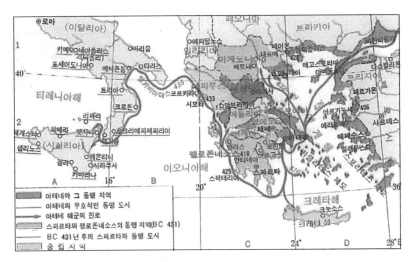

펠로폰네소스 전쟁(B.C. 481~404)

　다른 한편으로 Hethiter(히타이트)인들은 기원전 18세기 무렵에는 주
로 소아시아 지방에서 살았던 종족이었으며, 히타이트가 고대 그리스 시
대에는 에게 해 연안에 위치한 아나톨리아의 이오니아 지역에서 주로
살았으나, 터키가 이슬람 화되기 이전의 초기 기독교 시대 이후에는 에
게 해 연안에 살던 그리스계의 주민들과, 초기 기독교 시대의 스미르나
(서머나)를 비롯하여, 에페수스(에베소), 페르가몬(버가모), 튀아테이라(두
아디라), 사르데이스(사데), 필라델피아, 라오디케이아 등 소아시아의 일
곱 교회 등의 지역에서는 그리스어와 그리스 식 전통으로 살아왔었기
때문에 초기 그리스의 영향권에 속한 지역으로서 centum어군에 속하게
되었을 것으로 보인다.

2. 인도유럽 조어(idg. Grundsprache od. Ursprache)

인도유럽어족에 속하는 여러 개별 언어 중에서 그 역사가 가장 오래되고 문헌이 풍부한 고대 인도어와 고대 그리스어에 근거하여 Karl Brugmann 등의 여러 언어학자들이 19세기에 가상의 인도유럽 조어에 관한 문법을 창출하였던 것이다.

1) 음운론

인도유럽어의 음운체계는 독일어 등의 후대의 언어의 경우와는 달리, 모음의 경우에는 3Moren⁹의 모음과, 자음이면서도 음절을 구성할 수 있는 Sonant가 존재하였고, 자음의 경우 무기음(無氣音)과 대기음(帶氣音)의 구별이 엄격하였다.

① 모 음

단모음　　 : a, e, i, o, u, ə

장모음　　 : ā, ē, ī, ō, ū

단복모음 : ai, ei, oi, au, eu, ou

장복모음 : āi, ēi, ōi, āu, ēu, ōu

Sonant¹⁰　 : m̥, n̥, ñ, ŋ̊ r̥, l̥, i̭, ṷ

---

9 모음은 단모음인 경우 그 길이를 1Mora라 하므로, 장모음이나 복모음의 길이는 2Moren이 된다. 신고지독일어의 경우에는 2Moren까지의 모음밖에 존재하지 않으나, 인도유럽어에는 3Moren까지의 모음도 존재하였다.

10 Sonant는 모음을 동반하지 않고서 음절을 구성할 수 있는 일종의 자음이다. m̥은 m̩으로도 표기하며, 이들의 음은 구강 안쪽이 폐쇄되지 않는 자음이고, ŋ은 영어의

② 자 음

	무성무기파열음 (Tenues)	무성대기파열음 (Ten.asp.)	유성무기파열음 (Mediae)	유성대기파열음 (Med.asp.)
순연구개음[11] (Labiovelare)	qu	quh	gu	guh
연구개음 (Velare)	q	qh	g	gh
경구개음 (Palatale)	k	kh	g	gh
치음 (Dentale)	t	th	d	dh
순음 (Labiale)	p	ph	b	bh
마찰음 (Spiranten)	ś	ṣ	s	

p, t, k는 한국어의 [ㅃ, ㄸ, ㄲ]과 같은 음이고, ph, th, kh는 [ㅍ, ㅌ, ㅋ]과 같은 음이다. 위의 자음군에서 b, d, g, g, gu 및 bh, dh, gh, gh, guh는 각각 p, t, k, q, qu 및 ph, th, kh, qh, quh에 대한 유성음이다.

③ 강 세

인도유럽어의 강세는 강약에 의한 강세(dynamischer Akzent)와 고저에 의한 강세(musikalischer Akzent)가 존재하였으며, 이들 두 종류의 강세는 서로 결부되어 어느 한 종류의 강세가 우세하게 나타났다. 인도유럽어의 강세는 게르만어족의 여러 언어에서처럼 어간에만 존재하는 것이 아니라, 전철 및 후철에까지 올 수 있는 자유강세(freier Akzent)였다.

---

morning의 ng[ŋ]에 상응하는 음이고, ñ은 fr. signe [siɲ]의 gn [ɲ]의 음이고, r̥와 l̥ 는 모음적 기능을 지닌 r 및 l을 표기한 것으로서 ri 및 li로 발음하여도 무방하며, i̯와 u̯는 각각 [j]와 [w]의 음이다.

11 순연구개음은 입술을 둥글게 모아서 발음하는 음으로서, 영어의 quite의 qu처럼 발음하는 음이다.

2) 어형론

(1) 명 사

인도유럽어의 명사는 3종류의 성(남성, 여성, 중성)과 3종류의 수(단수, 양수, 복수)와 8종류의 격(Nominativ : 주격, Vokativ : 호격, Genitiv : 속격, Dativ : 여격, Akkusativ : 대격, Lokativ : 처격, Ablativ : 탈격, Instrumental : 구격)에 따라 어형변화를 하였다.

명사는 의미를 지닌 어근과 그 문법적인 특성을 규정짓는 후철이 어근에 첨가되어 어간을 구성하며, 이 어간을 구성하는 후철의 모음이나 자음에 따라 변화형이 분류된다.

> **z.B.** 모음변화 : -o-변화, -ā-변화, -i-변화, -u-변화
>
> 자음변화 : -n-변화, -r-변화, -s-변화, -nt-변화
>
> 어근명사변화[12]

형용사 및 대명사의 변화도 대체로 명사의 변화형에 준한다.

(2) 동 사

인도유럽어의 동사는 4종류의 법(Indikativ : 직설법, Konjunktiv : 접속법, Optativ : 희구법, Imperativ : 명령법)과, 3종류의 태(Aktiv : 능동태, Medium : 중간태, Passiv : 수동태)와, 시칭 조동사와 결합하지 않고 어형변화로써 표현하는 6시칭(Präsens : 현재형, Imperfekt : 미완료형, Aorist : 단순과거형, Perfekt : 완료형, Plusquamperfekt : 과거완료형, Futur : 미

---

12 모음이나 자음으로 된 어간후철이 없이, 어근에 어미를 직접 첨가하여 변화하는 명사이다.

래형)과, 3종류의 수(Singular : 단수, Dual : 양수, Plural : 복수)와, 3종류의 인칭(1, 2, 3인칭)에 따라 정동사로서의 어형변화를 하고, 부정형으로서는 부정사와 분사가 존재하였다.

동사의 시칭표현은 어근 앞에 다양한 전철을 추가하거나, 어근에 특정의 어간후철을 첨가하거나, 때로는 어간의 모음을 교체하여 표현하였다. 특히 완료의 표현은 어근의 어두음과 모음 e를 어근 앞에 첨가하는 반복현상(Reduplikation)에 의하여 표현하였다.

3) 통사론

(1) 격 일람표
인도유럽조어에는 명사와 형용사에 함께 적용되는 8격으로 구성된 아래와 같은 일람표가 존재한다.

Ⅰ. 주격(nominativus)   : 문장의 주어, 술어

Ⅱ. 대격(accusativus)   : 목적어, 방향, 시간의 계속, 거리

Ⅲ. 구격(instrumentalis) : 용구, 수단, 동작주, 동반

Ⅳ. 여격(dativus)   : 간접 목적어, 이해관계

Ⅴ. 탈격(ablativus)   : 분리, 비교

Ⅵ. 속격(genitivus)   : 소속, 소유, 동작주, 분사구문의 주어

Ⅶ. 처격(lokativus)   : 위치, 분사구문의 주어

Ⅷ. 호격(vokativus)   : 상대를 부르는 격

이들 격은 산스크리트에만 8개의 격이 존재할 뿐, 그리스어나 라틴어에서부터는 격의 수가 감소되기 시작하여, 없어진 격의 용법은 그냥 소

멸되어버리는 것이 아니라, 남아 있는 다른 격이 없어진 격의 기능을 이어 받아서 오늘날의 유럽 여러 현대어의 문법 구조를 이루고 있는 것이다.

3. 인도유럽 개별 언어

인도유럽 조어는 재구성한 가상의 언어이지만, 인도유럽 개별 언어는 문헌으로 존재하는 언어이다. 인도유럽 조어의 특성을 갖춘 언어로서 가장 풍부한 문헌을 지닌 인도유럽 개별 언어로는 고대 인도어, 고대 그리스어, 라틴어를 들 수 있다. 이들 세 언어 중에서 고대 인도어가 가장 앞선 역사의 언어이고, 라틴어가 가장 나중 역사의 언어이며, 언어의 여러 특성도 고대 인도어가 인도유럽 조어의 특성을 가장 많이 지니고 있고, 라틴어가 후대의 언어와 상당히 비슷한 면모를 지니고 있는 언어이다.

또한 고대 인도어는 명사 내지 형용사의 격변화나 동사변화가 아주 복잡한 언어인 데에 반하여, 그리스어는 앞선 시대 언어인 고대 인도어뿐만 아니라, 그 후대의 라틴어에 비하여서도 아주 질서 있게 문법이 기술되어 있음을 볼 수 있다.

이런 점은 산스크리트와 그리스어에서는 예를 들면 독립분사구문에서 이들 2언어에서 문법의 공통적인 특성에 따라, 서로 동일하게 속격구문을 사용하고 있으나, 라틴어에서는 격의 의미나 기능을 고려하지 않고 격의 혼합에 따라, 탈격구문으로 표현하고 있다.

그리스어에서는 격변화 어미가 소멸됨에 따라 생겨난 불편을 관사를 채용함으로써 극복한 데에 반하여, 라틴어는 그리스어보다 뒤늦은 언어이면서도 관사를 사용하지 않으면서, 문장에서 발생하는 불편을 그대로 계속하고 있는 것이다.

1) 고대 인도어(Sanskrit)

(1) 음운론
① 자 음
다음의 자음군은 위쪽에서 아래쪽으로 내려올수록 조음 위치가 구강의 뒤쪽에서부터 앞쪽으로 이동하고, 왼쪽에서 오른쪽으로 갈수록 무성음에서 유성음으로 바뀌며, 이들 자음을 읽을 때에는 자음 다음에 단모음[a]를 첨가하여 ka, kha 등으로 읽는다.

	무성무기 파열음 (Tenues)	무성대기 파열음 (Ten. as.)	유성무기 파열음 (Mediae)	유성대기 파열음 (Med. as.)	비음[13] (Nasale)
후음 (Gutturale)	k	kh	g	gh	ṅ
경구개음 (Palatale)	c	ch	j	jh	ñ
반설음[14] (Linguale)	ṭ	ṭh	ḍ	ḍh	ṇ
치음 (Dentale)	t	th	d	dh	n
순음 (Labiale)	p	ph	b	bh	m
반모음 (Halbvokale)	y	r	l	v	
치찰음[15] (Zischlaute)	ś	ś	s		
기음[16] (Hauchlaute)	h				

② 모 음

단모음 : a, i, u, ṛ, ḷ

장모음 : ā, ī, ū, ṝ, e(⟨ai), o(⟨au)

복모음 : ai(⟨āi), au(⟨āu)

모음 e와 o는 각각 복모음 ai와 au에서 유래하였기 때문에 장모음이며, 이들 모음은 어형변화를 할 때에 복모음 ai와 au로도 나타난다.

(2) 어형론

① 명 사

산스크리트의 명사는 인도유럽조어와 마찬가지로 3종류의 성, 3종류의 수, 8종류의 격에 따라, 어간 후철의 모음이나 자음의 종류에 따라서 모음변화 및 자음변화를 한다.

a) 모음변화

-a-변화 : 남성 및 중성명사　　**z.B.** aśvas : m. Pferd

-ā-변화 : 여성명사　　　　　　**z.B.** senā : f. Heer

-i-변화 : 남, 여, 중성명사　　　**z.B.** ali : f. Biene

-u-변화 : 남, 여, 중성명사　　　**z.B.** paśu : m. Vieh

-ī-변화 : 여성명사　　　　　　**z.B.** nadī : f. Fluß

---

13 ṅ은 [ɡ]음이고, ñ은 [n]음이며, ṇ은 n보다 혀가 경구개에 더 닿아서 발음되는 음이다.
14 반설음은 치음에 비하여 혀가 경구개에 더 많이 닿고, 조음 위치도 구강 내에서 치음보다 조금 뒤쪽이 된다.
15 ś은 [ç]음이고, ṣ는 [ʃ]음이다.
16 h는 [x]음이다.

-ū-변화 : 여성명사　　　**z.B.** vadhū : f. Weib

-r̥-변화 : 남성 및 중성명사　**z.B.** dātr̥ : m. Geber

b) 자음변화

-n-(an-, man-, van-)변화 : 남성 및 중성명사

　　z.B. rājan : m. König

-r-변화 : 여성 및 중성명사

　　z.B. gir : f. Rede

-s-(as-, is-, us-)변화 : 남, 여, 중성

　　z.B. manas : n. Macht

-nt-변화 : 현재분사 및 미래분사

　　z.B. mahat : groß, mahāntam : m. Sg. A.

c) 어근명사변화

어근에 바로 어미를 첨가하는 변화로서 남, 여, 중성의 명사가 이 변화형에 속한다.

　　z.B. vāc : f. Stimme

형용사 및 대명사의 변화도 대체로 명사변화형에 준한다.

※ 명사변화 : aśvas, m. Pferd

aśv- : 어근, aśva- : 어간, -s : 어미

	Sg.	Du.	Pl.
N.	aśvas	aśvau	aśvās
V.	aśva	aśvau	aśvās
A.	aśvam	aśvau	aśvān
I.	aśvena	aśvābhyām	aśvais
D.	aśvāya	aśvābhyām	aśvebhyas
Ab.	aśvāt	aśvābhyām	aśvebhyas
G.	aśvasya	aśvayos	aśvānām
L.	aśve	aśvayos	aśveṣu

② 동 사

산스크리트의 동사는 인도유럽 조어에서와 마찬가지로 4종류의 법, 3
종류의 태, 5종류의 시칭(Präsens : 현재, Imperfekt : 미완료, Aorist : 단순
과거, Perfekt : 완료, Futur : 미래), 3종류의 수, 3종류의 인칭에 따라 어
형변화를 한다. 그러나 일부 동사의 미래와 완료는 후대의 언어에서 볼
수 있는 바와 같이, 조동사와의 복합시칭으로 표현하기도 한다.

동사의 시칭은 어근 앞에 가음(加音 : Augment)[17]이나 반복철을 첨가
하거나, 어근 다음에 특정의 후철을 첨가하기도 하고, 동사에 따라서는
간모음이 동시에 교체되기도 한다.

> **z.B.** 1) bhṛ- : tragen
>
> bharāmi : 1Sg. Prs. Akt. Ind.
>
> abharam : 1Sg. Ipf. Akt. Ind.

---

17 인도유럽어에서 시칭표현의 수단으로 동사의 어근 앞에 첨가하는 a 혹은 e 등의
모음을 말한다.

bhariṣyāmi : 1Sg. Fut. Akt. Ind.

abhārṣam : 1Sg. Aor. Akt. Ind.

babhara : 1Sg. Perf. Akt. Ind.

2) budh- : erwachen, wahrnehmen

bodhāmi : 1Sg. Prs. Akt. Ind.

bodhiṣyāmi : 1Sg. Fut. Akt. Ind.

3) budh- : erwachen, wahrnehmen

bodhitāsmi[18] : 1Sg. Fut. Akt. Ind.

bodhhayāṁ cakara[19] : 1Sg. Perf. Akt. Ind.

bodhhayāṁ āsa : 1Sg. Perf. Akt. Ind.

bodhhayāṁ babhūva : 1Sg. Perf. Akt. Ind.

(3) 통사론

산스크리트에 비하여 그리스어에서는 동사를 문법적으로 아주 명료
하게 기술하고 있어서, 후대의 여러 언어에 상당한 영향을 끼치고 있다
고 할 수 있다.

산스크리트에서는 과거를 의미하는 시제로서 미완료와 완료와 aorist
의 차이점이 분명치 않으나, 그리스어에서 미완료는 과거로부터 계속되
거나 반복되는 시제를 말하고, aorist는 과거의 일회적인 동작을 말하며,
완료는 과거의 동작이 끝난 현재의 결과를 표현하는 시제인 것이다. 따
라서 그리스어에서 완료는 현재와 미래와 미래완료와 함께 현재적인 주
시제이며, 미완료와 aorist와 과거완료는 과거의 의미를 표현하는 부시제

---

18 budh의 어간과 as(sein)의 현재형의 복합어형이 미래시칭이 되었다.
19 budh의 어간에 kṛ(machen, tun)나 bhū(werden)의 완료형의 복합어형이 완료시칭이
되었다.

인 것이다.

2) 그리스어(Griechisch)

그리스어는 인도유럽 개별 언어 중에서 산스크리트 다음으로 역사가 오랜 언어이다.

(1) 음운론

그리스어의 자모는 다음과 같다.

대문자: Α Β Γ Δ Ε Ζ Η Θ Ι Κ Λ Μ Ν Ξ Ο Π Ρ
Σ Τ Υ Φ Χ Ψ Ω

소문자: α β γ δ ε ζ η θ ι κ λ μ ν ξ ο π ρ
σ(ς) τ υ φ χ ψ ω

① 모 음
단모음: ε, ο
장모음: η, ω
단모음 및 장모음: α, ι, υ
복모음: αι, ει, οι, υι, αυ, ευ, ου[20]

② 자 음
β γ δ ζ ϑ κ λ μ ν ξ π ρ σ(ς)[21] τ φ χ ψ

---

20 복모음 ou는 [uː]로 발음한다.

산스크리트에서는 무기음 b, d, g와 bh, dh, gh가 별개의 음소로 구별되어 있었으나, 그리스어에서는 이들 두 종류의 무기음과 대기음이 β, δ, γ로 음소가 통합되었다.

한편 φ, ϑ, χ는 고대 그리스어에서 한국어의 [ㅍ, ㅌ, ㅋ]과 같은 대기음이었고, π, τ, κ는 한국어의 [ㅃ, ㄸ, ㄲ]과 같은 무기음이었으나, Koine-Griechisch 이후 π, τ, κ는 무기음과 대기음의 구별이 없이 음소가 통합되었고, φ, ϑ, χ는 [f, θ, x]의 음으로 바뀌었다.

(2) 어형론

① 명 사

그리스어의 명사는 3종류의 성(남성, 여성, 중성)과, 3종류의 수(단수, 양수, 복수)와, 5종류의 격(주격, 호격, 대격, 속격, 여격)에 따라 어형변화를 한다.

명사변화는 어간후철의 모음이나 자음에 따라 다음과 같은 변화형으로 구분하게 된다.

a) 모음변화

-a-변화 : 주로 여성명사   **z.B.** χώρα : f. Land

-o-변화 : 남성 및 중성명사   **z.B.** λόγος : m. Wort

-u-변화 : 남성 및 중성명사   **z.B.** ἰχθῦς : f. Fisch

-i-변화 : 여성명사   **z.B.** πόλις : f. Stadt

-eu-변화 : 남성명사   **z.B.** βασιλεύς : m. König

---

21 ς는 단어의 어말음(語末音)으로만 쓰고, 기타의 경우에는 σ를 쓴다.

b) 자음변화

유음(-r-,-l-)변화 : 남, 여, 중성명사

z.B. πατήρ : m. Vater, ἅλς : m. Salz

후음 및 순음(-κ-, -γ-, -χ-/-π-, -β-, -φ-)변화 : 남, 여, 중성명사

z.B. φύλαξ : m. Wächter, φύλακος : Sg. G.

    αἴξ : f. Ziege, αἰγός : Sg. G.

    θρίξ : f. Haar, τριχός : Sg. G.

    γύψ : m. Geier, γυπός : Sg. G.

    φλέψ : f. Ader, φλεβός : Sg. G.

치음(-τ-, -δ-, -θ-)변화 : 남, 여 중성명사

z.B. ἐσθής : f. Kleid, ἐσθῆτος : Sg. G.

    ἐλπίς : f. Hoffnung, ἐλπίδος : Sg. G.

    κόρυς : f. Helm, κόρυθος : Sg. G.

-n-변화 : 남성 및 여성명사

z.B. ποιμήν : m. Hirte, ποιμένος : Sg. G.

-nt-변화 : 남성명사

z.B. γίγας : m. Riese, γίγαντος : Sg. G.

-s-변화 : 중성명사 및 고유명사

z.B. γένος(‹*γένεσος) : n. Geschlecht

    γένους(‹*γένεσος) : Sg. G.

※ 명사변화

z.B. -a-변화 : χώρα : f. Land   -o-변화 : λόγος : m. Wort

	Sg.	Du	Pl.		Sg.	Du.	Pl.
N.	χώρα	χώρα	χῶραι	N.	λόγος	λόγω	λόγοι
V.	χώρα	χώρα	χῶραι	V.	λόγε	λόγω	λόγοι
A.	χώραν	χώρα	χώρας	A.	λόγον	λόγω	λόγους
G.	χώρας	χώραιν	χωρῶν	G.	λόγου	λόγοιν	λόγων
D.	χώρα	χώραιν	χώραις	D.	λόγω	λόγοιν	λόγοις

※ 형용사변화

z.B. σοφός, -ή, -όν : klug

	Sg.			Du.			Pl.		
	m.	f.	n.	m.	f.	n.	m.	f.	n.
N.V	σοφός	σοφή	σοφόν	σοφώ	σοφά	σοφώ	σοφοί	σοφαί	σοφά
A.	σοφόν	σοφήν	σοφόν	σοφώ	σοφά	σοφώ	σοφούς	σοφάς	σοφά
G.	σοφοῦ	σοφῆς	σοφοῦ	σοφοῖν	σοφαῖν	σοφοῖν	σοφῶν	σοφῶν	σοφῶν
D.	σοφῷ	σοφῇ	σοφῷ	σοφοῖν	σοφαῖν	σοφοῖν	σοφοῖς	σοφαῖς	σοφοῖς

※ 대명사변화

z.B. ἐκεῖνος : jener

	Sg.			Du.		
	m.	f.	n.	m.	f.	n.
N.	ἐκεῖνος	ἐκείνη	ἐκεῖνο	ἐκείνω	ἐκείνω	ἐκείνω
A.	ἐκεῖνον	ἐκείνην	ἐκεῖνο	ἐκείνω	ἐκείνω	ἐκείνω
G.	ἐκείνου	ἐκείνης	ἐκείνου	ἐκείνοιν	ἐκείνοιν	ἐκείνοιν
D.	ἐκείνῳ	ἐκείνη	ἐκείνῳ	ἐκείνοιν	ἐκείνοιν	ἐκείνοιν

	Pl.		
	m.	f.	n.
N.	ἐκεῖνοι	ἐκεῖναι	ἐκεῖνα
A.	ἐκείνους	ἐκείνας	ἐκεῖνα
G.	ἐκείνων	ἐκείνων	ἐκείνων
D.	ἐκείνοις	ἐκείναις	ἐκείνοι

② 동 사

그리스어의 동사는 인도유럽 조어에서와 마찬가지로 4종류의 법, 3종
류의 태, 7종류의 시칭(현재, 미완료, 단순과거, 완료, 과거완료, 미래, 미
래완료), 3종류의 인칭, 3종류의 수에 따라 변환한다.

동사의 시칭표현은 어근 앞에 가음(Augment)이나 반복철을 첨가하기도
하고, 어근 뒤에 후철을 첨가하기도 하며, 동사에 따라서는 간모음이 교
체되기도 한다.

    z.B. 1) παιδεύω : lehren

        παιδεύω : 1Sg. Prs. Akt. Ind.

        παιδεύσω : 1Sg. Fut. Akt. Ind.

        ἐπσωαίδευον : 1Sg. Ipf. Akt. Ind.

        ἐπαίδευσα : 1Sg. Aor. Akt. Ind.

        πεπαίδευκα : 1Sg. Perf. Akt. Ind.

        ἐπεπαιδεύκη : 1Sg. Pl-Perf. Akt. Ind.

        πεπαιδευκώς ἔσομαι : 1Sg. Fut-Perf. Akt. Ind.

    z.B. 2) λείπω : verlassen

        λείπω : 1Sg. Prs. Akt. Ind.

        λείψω : 1Sg. Fut. Akt. Ind.

ἔλιπον : 1Sg. Aor. Akt. Ind.

λέλοιπα : 1Sg. Perf. Akt. Ind.

(3) 통사론

그리스어 동사에는 능동태, 수동태, 중간태의 3종류의 태가 존재하며, 능동태와 수동태의 용법은 오늘날 유럽 여러 언어의 경우와 크게 다르지 않으나, 중간태의 의미는 인도유럽 여러 언어에서 기원전 1세기 이전에 이미 소멸되어버렸기 때문에 그 용법이 지금껏 완벽하게 해명되지 않고 있다.[22]

동사 중에는 능동의 의미에 중간태나 수동태의 어형으로 표현하는 동사도 있으며, 이런 동사를 이태동사(異態動詞 : verbum deponens)라 칭하며, 이태동사 중에는 능동태의 어형이 존재하면서도 특별한 의미를 표현하기 위하여 deponens 동사로 쓰이는 경우도 있고, 능동태의 어형이 존재하지 않는 동사도 있다. 또한 deponens 동사 중에는 중간태와 수동태는 미래와, aorist에서만 어형의 차이가 존재하고, 기타 시제에서는 어형이 서로 동일한 동사도 있다. 따라서 deponens 동사도 이 두 시제의 차이에 따라, 미래와 aorist를 다 같이 중간태로만 쓰는 deponentia와, 미래와 aorist를 다 같이 중간태로만 쓰는 deponentia media와, 미래와 ao-rist를 다 같이 수동태로만 쓰는 deponenia passiva와, 미래는 중간태로, aorist는 수동태로 쓰는 deponenia medio-passivad의 3종류로 구분한다.

---

22 H. Steinthal, *Geschichte der Sprachwissenschaft bei den Griechen und Römern*, Berlin, 1891, S. 297

① 이태동사의 용법

※ 주어 자신에 대한 동작 :

   z.B. 마태, 6, 17 : ἀλειφω : 'to anoint onself'. (기름이나 향유를) '바르다'.

              ἄλειψαὶ : ἀλειφω의 중간태, aor. 명령법, 2Sg.

              σὺ δὲ νηστεύων ἄλειψαὶ σου τὴν κεφαλὴν —

              너는 금식할 때에 머리에 기름을 바르고 —

※ 능동태의 타동사를 자동사화 할 수 있다 :

   z.B. 누가, 7, 50 : πορεύω : '건네주다'

              πορεύομαι : '가다' ;

              πορεύου : πορεύομαι의 중간태, 현재. 명령법, 2Sg.

              ἡ πίστις σου σέσωκέν σε· πορεύου εἰς εἰρήνην.

              네 믿음이 너를 구원하였으니, 평안히 가라 하시니라.

※ 주어가 행한 동작의 결과가 자신에게 돌아옴을 표현할 수 있다

   z.B. 마태 1, 21 : τίκτω : to bear,

              τέξεται : τίκτω의 중간태, 미래, 3Sg.

              '(아들을) 낳아 가질 테니',

              τέξεται δέ υἱόν, καὶ καλέσις τὸ ὄνμα αὐτοῦ Ἰησοῦν· —

              아들을 낳으리니, 이름을 예수라 하라, —

※ 화법적인 의미를 표현할 수 있다 :

   z.B. 마태 4, 4 : ζάω : 'to live, 살아 있다'

              ζήσεται : ζάω의 중간태, 미래, 3Sg.

              οὐκ ἐπ' ἄρτῳ μόνῳ ζήσεται ὁ ἄνθρωπος, —

3) 라틴어(Lateinisch)

라틴어는 인도유럽 개별언어 중에서 산스크리트나 그리스어보다는
후대의 여러 언어와 유사한 특성을 많이 지니고 있는 언어이다.

(1) 음운론
라틴어의 자모는 다음과 같다.

A B C D E F G H I K L M N O P Q R S T U X Y Z

I와 U는 자음으로 쓰일 경우에는 J와 V가 된다.

① 모 음
단모음 및 장모음 : a, e, i, o, u, y

복모음 : ae, au, eu, oe, ei, ui

② 자 음
단자음 : b, c, d, f, g, h, k, l, m, n, p, q, r, s, t, x, z

c는 항상 [k]로 발음하고, q는 항상 모음 u와 함께 쓰며 qu의 발음은
[kw]가 된다. 고대 라틴어에서 p, t, k는 항상 [ㅃ, ㄸ, ㄲ] 음으로 발음하였
으나, 고전 라틴어에 이르러서는 무기음과 대기음의 구별이 없이 음소가
통합되었으며, 후대의 여러 유럽의 언어에서는 [ㅃ, ㄸ, ㄲ]로나, 혹은 [ㅍ,
ㅌ, ㅋ]로 발음되고 있다.

복자음 : ph, th, kh

복자음 ph, th, kh는 고대 라틴어에서 [ㅍ, ㅌ, ㅋ]로 발음하였으나, 고전 라틴어에 이르러서는 ph는 [f] 음으로 음가가 바뀌었으며, th와 kh는 각각 t 및 k와의 구별을 하지 않게 되었다.

(2) 어형론
① 명 사
라틴어의 명사는 3종류의 성과 2종류의 수(단수, 복수)와 6종류의 격(주격, 호격, 대격, 여격, 속격, 탈격)에 따라 어형변화를 하며, 명사변화는 어간후철의 자음과 모음에 따라 변화형이 구별된다.

a) 모음변화

-a-변화 : 주로 여성명사

    z.B. rosa : f. Rose, rosarum : Pl. G.

-o-변화[23] : 남성 및 중성명사

    z.B. hortus : m. Garten, hortorum : Pl. G.

        donum : n. Geschenk, donorum : Pl. G

-i-변화 : 남, 여, 중성명사

    z.B. animal : n. Lebewesen, animalis : Sg. G.

-u-변화 : 남, 여, 중성명사

    z.B. cornu : n. Horn, cornus : Sg. G.

-e-변화 : 주로 여성명사

    z.B. dies : m(f.) Tag, diei : Sg. G.

---

23 라틴어에서 o-변화는 어간후철이 -o-가 아니고 -u-로 되어 있는데, 이것은 그리스어의 -oς가 라틴어에 와서 -us로 바뀌었기 때문이다.

b) 자음변화

후음(-c-,-g-)변화 : 주로 남성 및 여성명사

    z.B. iudex : m. Richter, iudicis : Sg. G.

치음(-d-, -t-)변화 : 주로 남성 및 여성명사

    z.B. aetas : f. Lebensalter, aetatis : Sg. G.

순음(-b-, -p-)변화 : 주로 남성 및 여성명사

    z.B. princeps : m. Führer, principis : Sg. G.

유음(-l-, -r-)변화 : 주로 남성 및 여성명사

    z.B. mater : f. Mutter, matris : Sg. G.

-s-변화 : 주로 남성 및 여성명사

    z.B. flos : m. Blume, floris : Sg. G.

비음(-m-, -n-)변화 : 주로 남성 및 여성명사

    z.B. leo : m. Löwe, leonis : Sg.

이상과 같은 변화형에 속하는 명사나, 형용사 및 대명사들은 성, 수, 격에 따라 다음과 같이 변화한다.

※ **명사변화**

    z.B. 1) -a-변화 : rosa, f. Rose,

    z.B. 2) -o-변화 : hortus : m. Garten,

    z.B. 2) -o-변화 : donum : n. Geschenk

	Sg.	Pl.	Sg.	Pl.	Sg.	Pl.
N.	rosa	rosae	hortus	horti	donum	dona
V.	rosa	rosae	horte	horti	donum	dona
G.	rosae	rosarum	horti	hortorum	doni	donorum
D.	rosae	rosis	horto	hortis	dono	donis
A.	rosam	rosas	hortum	hortos	donum	dona
Ab.	rosa	rosis	horto	hortis	dono	donis

형용사 및 대명사의 변화도 명사변화에 준하며, 형용사변화에는 nt-변화도 존재한다.

※ 형용사변화

z.B. bonus, -a, -um : gut

	Sg.				Pl.		
	m.	f.	n.		m.	f.	n.
N.	bonus	bona	bonum	N.	boni	bonae	bona
V.	bone	bona	bonum	V.	boni	bonae	bona
G.	boni	bonae	boni	A.	bonorum	bonarum	bonorum
D.	bono	bonae	bono	G.	bonis	bonis	bonis
A.	bonum	bonam	bonum	D.	bonos	bonas	bona
Ab.	bono	bona	bono	Ab.	bonis	bonis	bonis

※ 대명사변화

z.B. hic : dieser

	Sg.				Pl.		
	m.	f.	n.		m.	f.	n.
N.	hic	haec	hoc	N.	hi	hae	haec
G.	huius	huius	huius	V.	horum	harum	horum
D.	huic	huic	huic	A.	his	his	his
A.	hunc	hanc	hoc	G.	hos	has	haec
Ab.	hoc	hac	hoc	D.	his	his	his

② 동 사

라틴어의 동사는 3종류의 법(직설법, 접속법, 명령법)과 2종류의 태(능동태, 수동태)와 6종류의 시칭(현재, 과거, 미래, 완료, 과거완료, 미래완료)과 2종류의 수(단수, 복수)와 3종류의 인칭에 따라 변화한다.

동사의 시칭은 주로 동사 어근의 뒤에 일정한 후철을 첨가하여 표현하지만, 소수의 경우에는 인도유럽 조어에서와 마찬가지로 어근 앞에 반복철을 첨가하기도 하고, 간모음이 교체되기도 하고, 능동태의 과거완료와 미래완료와, 수동태의 모든 완료는 후대의 언어에서 볼 수 있는 바와 같이 조동사와의 복합형으로 표현하기도 한다.

> **z.B.** 1) amo : lieben
>
> amo : 1Sg. Prs. Akt. Ind.
>
> amor : 1Sg. Prs. Pass. Ind.
>
> amabam : 1Sg. Ipf. Akt. Ind.
>
> amabar : 1Sg. Ipf. Pass. Ind.
>
> amabo : 1Sg. Fut. Akt. Ind.
>
> amabor : 1Sg. Fut. Pass. Ind
>
> amavi : 1Sg. Perf. Akt. Ind.
>
> amatus sum : 1Sg. Perf. Pass. Ind.
>
> amaveram : 1Sg. Pl-Perf. Akt. Ind.
>
> amatus eram : 1Sg. Pl-Perf. Pass. Ind.
>
> amavero : 1Sg. Fut-Perf. Akt. Ind.
>
> amatus ero : 1Sg. Fut-Perf. Pass. Ind.
>
> **z.B.** 2) do : geben
>
> do : 1Sg. Prs. Akt. Ind.

dedi : 1Sg. Perf. Akt. Ind.

(3) 통사론

인도유럽어에서 난마와 같이 얽힌 각종 어형변화가 그리스어에 이르러 일단 질서 정연하게 정돈되면서, 인도유럽어의 문법체계가 자리 잡게 되었지만, 바로 다음의 라틴어에 이르러서는 규칙 일변도의 문법이 유럽 각국의 언어사에 영향을 끼치게 되었던 것이다.

인도유럽어의 8격이 그리스어나 라틴어를 비롯한 여러 나라의 격의 통폐합 과정에 영향을 끼쳤으며, 그리스어에서는 산스크리트의 격의 성격이 많이 존중되었지만, 라틴어에서는 소멸된 격을 대신하여 주로 탈격이 그 기능을 이어받았던 것이다.

한편 새로운 동사가 생겨나는 과정에서 이태동사와 게르만어의 출현에 따라, 약변화동사와 과거현재동사 등의 전혀 새로운 동사가 신고지독일어에 이르러 동사의 다수를 이루게 된 것이다.

4. 결 론

독일어는 인도유럽어족에 속하는 언어이며, 언어학자들은 이 인도유럽어가 초기 단계에는 단일 조어(祖語)로 존재하였을 것으로 추정하나, 이에 관한 문헌이 존재하지 않으므로 인도유럽 조어란 다만 언어학적인 가설에 불과하다. 인류에게 주어져 있는 문헌은 인도유럽어족의 여러 개별 언어에 관한 것뿐이다. 이들 여러 개별 언어는 서로간의 어휘나 문법에 있어서 일련의 공통점을 지니고 있다.

특히 이들 공통점을 찾을 수 있는 가장 손쉬운 방법은 수사(數詞)나

친족(親族) 명사를 서로 비교해보면 좋을 것이다.

※ 수사(기수)

산스크리트 : 1 : eka-, 2 : dvi-, 3 : tri-, 4 : catur-,

　　　　　　5 : pañca-, 6 : ṣaṣ-, 7 : sapta-, 8 : aṣṭa-,

　　　　　　9 : nava-, 10 : daśa-, 11 : ekādaśa-, 12 : dvādaśa-,

그리스어 : 1 : εἷς 2 : δύο-, 3 : τρεῖς-, 4 : τέτταρες-,

　　　　　　5 : πέντε-, 6 : ἕξ-, 7 : ἑπτά-, 8 : ὀκτώ-,

　　　　　　9 : ἐννέα-, 10 : δέκα-, 11 : ἕνδεκα-, 12 : δώδεκα-,

라틴어 : 1 : unus-, 2 : duo-, 3 : trēs-,　 4 : quattuor-,

　　　　　5 : quīnque-, 6 : sex-, 7 : septem-, 8 : octō-,

　　　　　9 : novem-, 10 : decem-, 11 : ūndecim-, 12 : duodecim-,

※ 친족 명사

산스크릿: 父: pitṛ , 母: mātṛ , 兄弟: bhrātṛ ,

　　　　　姉妹: svasṛ 딸: duhitṛ , 아들: putrá (sūnú)

그리스어: 父: ὁ πατήρ, 母: ἡ μήτηρ, 兄弟: ὁ ἀδελφός,

　　　　　姉妹: ἡ ἀδελφή, 딸: ἡ θυγάτηρ, 아들: ὁ υἱός,

라틴어: 父: pater, 母: mater, 兄弟: frater,

　　　　姉妹: soror, 딸: filia, 아들: filius

인도유럽 조어는 기원전 3000년대 경부터 여러 개별 언어로 분화하기 시작하였을 것으로 추정되며, 기원전 2000년대에 이르면서 실제로 인도 유럽 여러 개별 언어에 관한 문헌이 전해지고 있다.

인도유럽어는 명사와 동사의 변화가 대단히 복잡한 언어였으며, 명사의 경우 3종류의 성, 3종류의 수, 8종류의 격이 존재하였으며, 명사는 변화어미로써 이 모든 것을 표현하였고, 동사의 경우도 4종류의 법, 3종류의 태, 6종류의 시칭, 3종류의 수, 3종류의 인칭의 구별이 존재하였으며, 동사도 어형변화로써 이 모든 것을 표현하였다. 인도유럽어의 음운 관계는 자음이 현대의 여러 언어에서보다 음소가 더욱 세분되어 있었고, 강세는 어느 음절에나 올 수 있는 자유강세였으나, 후대로 오면서 어두 강세로 바뀌어 짐에 따라 조음 Energie의 이동으로 인하여 어미가 점점 탈락되면서 산스크리트의 8격이 그리스어에서는 5격(주격, 호격, 대격, 여격, 속격)으로, 라틴어에서는 6격(주격, 호격, 대격, 여격, 탈격, 속격)으로 변화함에 따라, 소멸된 격의 용법은 남아있는 격이 대신하게 되면서 통사적인 면에서 변화현상이 나타나게 되었다.

예를 들면 특히 산스크리트의 독립분사구문(절대구'絶代句'와 유리절 '遊離節')의 경우, 분사나 분사의 의미상의 주어가 모두 속격이나 처격이 었던 것이, 그리스어에서도 속격구문으로 표현되어 있으나, 라틴어에서 는 탈격으로 표현하게 되었다.

z.B. 누가복음 19장 33절:

산스크리트 : gardabhaśāvakamocanakāle tatsvāmina ūcuḥ,
gardabhaśāvakaṁ kuto mocayathaḥ ?

gardabha- : m. 나귀

śāvaka- : m. 새끼

gardabha-śāvakaṁ(나귀 새끼) : m. sg. acc.

mocana- : √muc에서 파생된 형용사/명사; (풀어 줌).

kāle : kāla : m. (때, 시간)의 처격형 어미, "~때에"

tat-svāmina : tat(대명사, tad '그것')과, "svāmin (주인)의 m. pl. nom.의 복합어

ūcuḥ : vac: (말하다)의 pf. 3pl.

tat(pron.) : svāmin의 m. pl. nom. + svāminaḥ + ūcuḥ가 연성과정에서 ḥ가 탈락되었음.

gardabha-śāvaka-mocana-kāle → 복합어 (남성, 단수, 처격) ; "그들이 어린 나귀를 풀고 있을 때에"

kuto : kutas(의문부사, "왜")의 as 뒤에 오는 단어의 m자와 연성이 되어서 kuto mocayathaḥ가 된 것임.

mocayathaḥ : √muc(풀다)의 2sg., du, pres.

　산스크리트에서는 독립분사구문으로 표현할 때에 분사구문의 의미상의 주어나 분사를 처격이나 속격으로 표현한다. 본서의 인도유럽어의 결론부에 실려 있는 누가복음 19장 33절의 예문은 처격으로 표현한 예이고, 게르만어의 결론부에 실려 있는 예문은 속격으로 표현한 예문이다.

그리스어 : λυόντων δὲ αὐτῶν τὸν πῶλον εἶπαν; οἱ κύριοι

　　　　　αὐτοῦ πρὸς αὐτούς· τί λύετε τὸν πῶλον;

λυόντων : λύω (풀다)의 act. pres. part. m. pl. gen.

δὲ : conj. (그런데, 그리고, 그 때에)

αὐτῶν : αὐτός pron. pl. gen.

τὸν πῶλον : ὁ πῶλος (나귀새끼)의 mas. sg. acc.

εἶπαν : λέγω(말하다)의 2aor. 3pl.

οἱ κύριοι : ὁ κύριος(주인)의 3pl.

αὐτοῦ : αὐτός의 mas. sg. gen.

πρὸς αὐτούς : acc.지배전치사+인칭대명사 pl. acc.(그들에게)

τί : "왜"

λύετε : λύω pres. 2pl

라틴어 : Solventibus autem illis pullum, dixerunt domini
eius ad illos: «Quid solvitis pullum»

Solventibus : solvo(풀다)의 ppr. m. pl. dat.

autem : conj. (그런데, 그 때에)

illis : ille(that)의 pl. dat.

pullum : pullus(동물의 새끼), m. sg. acc.

dixerunt : dico(말하다)의 pf. 3pl.

domini : dominus(주인)의 pl. nom.

eius : is(this, that)의 sg. gen.

ad : acc. 지배 전치사 + illos : ille(that)의 m. pl. acc.

Quid : adv. (왜, 어찌하여)

solvitis : solvo (풀다)의 pres. 2pl.

고트어 : andbindandam þan im qeþun þai fraujans þis
du im: duƕ andbindats þana fulan?

andbindandam : andbindan(풀다)의 m. pl. dat.

þan : adv. conj. (then)

im : 인칭대명사, is(he)의 m. pl. dat.

qeþun : qiþan(say, 말하다)의 3pl.

þai : sa(인칭대명사)의 m. sg. nom.

fraujans : frauja(주인)의 m. pl. nom.

Þis : sa의 n. sg. gen.

du im : du(여격지배, 전치사, "에게, to) + im(인칭대명사, m. pl. dat)

duƕ : adv. (why)

andbindats : andbindan(풀다)의 직설법, 2인칭, 양수(du),

Þana : sa의 m. sg. dat.

fulan : fula (나귀 새끼)의 m. acc.

영어(Mod.Eng.) : As they were untying the colt, its owners asked them,
      "Why are you untying the colt?"

독일어(nhd.) : Als sie aber das Füllen losbanden, sprachen seine
      Herren zu ihnen: Warum bindet ihr das Füllen los?

영한 대조 성경번역 : 나귀 새끼를 풀 때에 그 임자들이
      이르되, 어찌하여 나귀 새끼를 푸느냐?

  산스크리트어의 독립분사구문은 처격구문이거나 속격구문으로 표현
하였고, 그리스어의 독립분사구문은 속격구문으로 표현하였고, 라틴어
의 독립분사구문은 탈격구문으로 표현하였으나, 고트어로부터는 오늘날
의 영어나 독일어에 있어서 여격구문으로 표현하고 있는 편이지만, 그러
나 실제로 이디엄화한 특정의 표현을 제외하고는 독립분사구문으로는
거의 표현하지 않는 실정이다.

II. 게르만어(Germanisch)

1. 서설

게르만어도 인도유럽 조어가 기원전 3000년경에 여러 개별언어로 분화되기 시작하면서, 그 중 하나의 개별언어로 존재하였을 것이며, 이것은 기원전 1000년대의 중반부터 Altindisch나 Italisch에서처럼 언어상의 일대 변화가 발생하였으리라 생각된다. 그러나 게르만 민족의 존재나 그 언어의 모습은 1세기에 J. Caesar의 갈리아 전기나 Tacitus의 Germania 등을 통하여 비로소 알려지게 되었으므로, 그 이전의 게르만어의 모습은 언어학적인 추정에 의하여 재구성할 수 있을 뿐이다.

게르만어도 초기에는 인도유럽어의 경우처럼 조어의 시대가 존재하였을 것으로 추정되나, 인류에게 주어진 문헌은 그 후의 개별언어에 관한 것뿐이며, 독일어 시대가 시작되기 전까지의 개별언어에 관한 문헌도 게르만 민족의 대이동이라는 일종의 전란의 시기라 할 수 있는 시대상으로 인하여, 고트어(Gotisch)로 된 번역 성서 이외에는 Rune 문자[24]로

---

24 Rune는 Geheimnis(비밀)이라는 의미이며, 5세기 이후 이 Rune 문자(이해할 수 없는

기록된 단편적인 기록이 전해지고 있을 정도이다.

f	u	th	a	r	k	g	w
fehu	*ūruz*	*þurisaz*	*ansuz*	*raidō*	*kaunan?*	*gebō*	*wunjō?*
Vieh, Fahrhabe	Ur, Auerochs	Thurse, Riese	Ase	Ritt, Wagen	Geschwür	Gabe	Wonne
h	n	i	j	ei	p	z(R)	s
hagla-	*naudiz*	*eisaz?, īsaz*	*jēran*	*ī(h)waz*	*perþō*	*algiz?*	*sōwelō*
Hagel	Not	Eis	(gutes) Jahr	Eibe	?	Elch	Sonne
t	b	e	m	l	ng	d	o
teiwaz, tīwaz	*berkanan*	*ehwaz*	*mannaz*	*laukaz*	*Ingwaz*	*dagaz*	*ōþala, ōþila*
Himmelsgott	Birkenreis	Pferd	Mensch	Lauch	Fruchtbarkeits-gott	Tag	Erbbesitz

고대 루네문자의 명칭과 Fubark 알파벳(dtv-Atlas zur deutschen Sprachen. s.50 인용)

2. 게르만 조어(Urgermanisch)

인도유럽어의 한 개별언어로서 존재하였을 게르만어가 기원전 1000
년대의 중반부터 특히 고대 그리스어나 이탈라어(Italisch)에서처럼 음운
상의 일대 변화가 발생하였으며, 그 후 이 언어는 인도유럽어의 다른 여
러 개별언어와는 전혀 다른 모습의 언어의 시대를 전개하게 된 것이다.

비밀의 문자)로 기록된 문헌이 주로 스웨덴에서 발견되었고, 독일에서는 극소수의
단편적인 문헌만 발견되었다.

1) 음운론

(1) 자 음

인도유럽어의 자음군 중에서 p, t, k와 b, d, g의 무기음 및 대기음이 게르만어 시대에 이르러서는 제1차 자음추이(1. Lautverschiebung)라는 일대 변화를 겪게 된다. 한편 이들 자음의 변화를 제외한 인도유럽어의 자음은 게르만어에서도 동일하게 나타나고 있다.

① 제1차 자음추이(1. od. germ. Lautverschiebung)

a) 인도유럽어의 p, t, k [ㅃ, ㄸ, ㄲ]와 ph, th, kh[ㅍ, ㅌ, ㅋ]는 게르만어에서 [f, θ, x]가 되었다.

> **z.B.** ai. pitár, gr. πατήρ, lat. pater 〉 got. fadar : Vater
>
> ai. tráyas, gr. τρεῖς, lat. tres 〉 got. þreis[θri :s] : drei
>
> ai. gr. καρδία, lat. cor 〉 got. haírto[hɛrto] : Herz

예외 : sp, st, sk의 p, t, k 및 p 다음의 t는 불변이다.

> **z.B.** lat. spuere : got. speiwan[spí :wan] : speien
>
> lat. hostis : Fremdling : got. gast : Fremdling, Gast
>
> lat. miscere : ags. miscian : mischen
>
> lat. octo : got. ahtau : acht
>
> lat. neptis : ahd. nift : Enkelin

b) 인도유럽어의 b, d, g의 대기음인 bh, dh, gh[25]가 게르만어에서는 [f, θ, x]의 유성음인 b, d, g로 바뀌었고, 이들 자음은 후대에 대부분 b, d, g로 바뀌었다.(그러나 d는 고고지독일어에서 t가 되었다.)

> **z.B.** ai. bhrātar, gr. φράτωρ, lat. frater 〉 got. broþar : Bruder
>
> idg. *dhur, gr. θύρα, lat. thyra- 〉 got. daúr : Tür
>
> idg. *ghostis : Fremdling, lat. hostis : Feind 〉 got.
>
> gasts : Fremdling, Gast

c) 인도유럽어의 b, d, g는 게르만어에서 p, t, k로 바뀌었다.

> **z.B.** gr. βαίτη : Hirtengewand 〉 got. paida : Rock
>
> gr. δύο, lat. duo 〉 got. twai : zwei
>
> gr. ζυγόν, lat. jugum 〉 got. juk : Joch
>
> idg. *p t k b d g bh dh gh*
>
> | | | | | | | | |
>
> germ. *f þ h p t k b, d, g*

제1차 자음추이는 인도유럽어의 p, t, k 및 b, d, g가 게르만어에 이르러 발생한 변화를 일컫는 것이지만, 인도유럽어의 기타 여러 개별언어에서도 유사한 변화가 발생하였던 것이다.

산스크리트에서는 p, t, k 및 b, d, g의 무기음과 대기음의 구별이 존재하였으나, 그리스어에서는 인도유럽어의 무기음 b, d, g와 대기음 bh, dh, gh가 β, δ, γ로 음소가 통합되었고, 인도유럽어의 무기음 p, t, k는 그리스

---

25 인도유럽어의 bh, dh, gh가 그리스어에서는 f, θ, x로 라틴어에서는 f, th, h로 나타난다.

어의 무기음 π, τ, κ로 유지된 반면, 대기음 ph, th, kh는 [f, θ, x]로 표현되었으며, 그 음가가 고대 그리스에서는 [ㅍ, ㅌ, ㅋ]였으나, Koine-Griechisch에서는 [f, θ, x]로 바뀌었다.

라틴어에서는 인도유럽어의 대기음 ph, th, kh가 문자상으로는 동일하게 ph, th, kh로 표현되었지만, 무기음 p, t, k와의 음가의 차이가 존재하지 않다가, ph는 후대에 [f]음으로 바뀌었다.

게르만어에서의 제1차 자음추이도 고대 그리스어나 Italisch에서처럼 기원전 1000년대의 중반부터 발생하였을 것으로 추정되지만, 게르만어의 제1차 자음추이의 발생시기를 추정할 수 있는 보다 구체적인 근거로는 그리스어의 κάνναβις[26] 'Hanf : 삼'이라는 단어를 예로 들 수 있다. 삼(麻)은 본래 중앙아시아가 원산지로서, 그리스에는 Herodotos(기원전 482~425) 때에 전해졌으며, 이 단어가 그리스어에서는 어두음 k가 자음추이 되지 않은 어형으로 나타나고 있다. 삼이 그리스를 경유하여 게르만 민족에게 전달되었으므로, Herodotos의 생존 시대에는 아직 제1차 자음추이가 게르만어에 발생하지 않은 것이 분명하다.

한편 기원전 1, 2세기의 라틴어 문헌에 등장하는 게르만어 단어들은 모두 자음추이가 이루어진 어형들이므로, 제1차 자음추이의 발생 시기는 기원전 2세기 이전의 기간으로 추정할 수 있다.

② **문법적 교체(Grammatischer Wechsel)**

제1차 자음추이의 결과 발생한 게르만어의 [f, θ, x]는 특정 조건하에서 [b, d, g]가 되었다.

---

26 κάνναβις는 트라키아-스키타이어의 차용어이며, 그 변천과정은 다음과 같다 :
  gr. κάνναβις 〉 germ. *hanp 〉 ahd. hanaf 〉 mhd. han(e)f 〉 nhd. Hanf

z.B. gr. πατήρ 〉 germ. *faþár 〉 *faðár 〉 got. fadar[fáðar]

gr. φράτωρ 〉 got. broþar : Bruder

J. Grimm은 위의 예 idg. t 〉 germ. þ[θ] 및 idg. t 〉 germ. d[ð]에서 인도유럽어의 p, t, k 및 ph, th, kh가 게르만어에서 왜 일부 단어의 경우 [f, θ, x]로 나타나지 않고 [b, ð, g]로 나타나는지 해명할 수가 없어서, 이 현상을 문법적 교체(Grammatischer Wechsel)라 칭하였던 것이다.

그러나 1875년에 덴마크의 언어학자 Karl Verner는, 제1차 자음추이의 결과로 발생한 게르만어의 [f, θ, x]가 바로 앞 음절에 강세가 있을 때에는 무성음 [f, θ, x]로 유지되지만, 그렇지 않을 경우에는 유성음 [b, ð, g]가 된다는 사실을 발견하였으며, 이 사실을 Verner의 법칙이라 한다.

※ Verner의 법칙

_́ f _ , _́ þ _ , _́ x _ 〉 _́ f _ , _́ þ _ , _́ x _
_ f _́ , _ þ _́ , _ x _́ 〉 _ b _́ , _ ð _́ , _ g _́
_́ _ f_ , _́_ þ _ , _́_ x _ 〉 _́_ b _ , _́_ ð _ , _́_ g _

이와 같은 Verner의 법칙에 의한 무성음과 유성음의 교체, 즉 문법적 교체는 신고지독일어에서도 다음과 같은 자음의 교체로 나타나고 있다 : h-g, f-b, d-t, s-r

z.B. ziehen - zog, darben - bedürfen,

schneiden - geschnitten, kiesen - kor

(2) 모 음

인도유럽어의 모음군에서 단모음 o, ə, r̥, l̥, m̥, n̥과 장모음 ā, 복모음 ei, oi, ou만 게르만어에 이르러 바뀌었고, 기타의 인도유럽어 모음은 게르만어에서도 동일하게 나타났다.

① 단모음

a) idg. o 〉 germ. a

z.B. *okto(u), gr. ὀκτώ, lat. octo 〉 got. ahtau : acht

b) idg. ə[27] 〉 germ. a

z.B. idg. *pəter, ai. pitar, gr. πατήρ, lat. pater 〉 got. fadar : Vater

c) r̥, l̥[28] m̥, n̥[29] 〉 germ. u

z.B. idg. *bhr̥tis, ai. bhr̥tis, 〉 got. gabaúrþs : Geburt

---

[27] idg. ə가 모든 인도유럽 개별언어에서 a로 나타나지만, Indo-Iranisch에서는 i로 나타난다.

[28] r̥, l̥은 ai.에만 존재하고 기타의 인도유럽 개별언어에서는 r, l의 앞뒤에 모음이 발생하고, r, l은 자음이 되었다.

z.B. idg.	ai.	gr.	lat.
r̥	r̥	αρ, ρα	or :
idg. *bhr̥tis,	ai. bhr̥tis,		lat. fors : Tragen, Zufall
l̥	l̥	αλ, λα	ol, ul :
idg. *ulkuos,			lat. vulpes : Wolf, Fuchs

[29] m̥, n̥이 ai.와 gr.에서는 모음으로 나타나고, 기타 인도유럽 개별언어에서는 자음화하고, 동시에 특정 모음이 발생하였다.

z.B. idg.	ai.	gr.	lat.
m̥	a	α	em :
idg. *km̥tóm,	ai. śatám,	gr. ἑκατόν,	centum : hundert
n̥	a	α	en :
idg. *mn̥tis,	ai. matis,		lat. mens : Denken, Gedanke

idg. *pl̥nos 〉 got. fulls : voll

idg. *km̥tóm 〉 got. hund : hundert

idg. *mn̥tis 〉 got. gamunds : Andenken

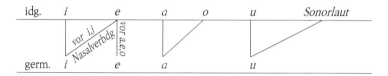

② 장모음

a) idg. ā 〉 germ. ō

z.B. idg. *bhrāter, ai. bhrātar, gr. φράτωρ,

lat. frater 〉 got. broþar : Bruder

b) idg. ei 〉 germ. ī

z.B. idg. *steigh-, gr. στείχω 〉 got. steigan : steigen

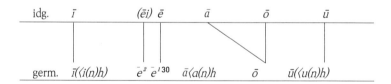

③ 복모음

a) idg. oi 〉 germ. ai

z.B. idg. *oinos 〉 got. ains : eins

---

30 게르만어의 장모음 ē는 idg.의 장모음 ē에서 유래한 것과, idg.의 장복모음 ēi가 게르만
어에 이르러 장모음 ē로 바뀐 것의 2종류가 있으며, 이것을 서로 구별하기 위하여
전자를 ē¹라 하고, 후자를 ē²라 한다.

b) idg. ou 〉 germ. au

z.B. idg. roudhos 〉 got. rauþs : rot

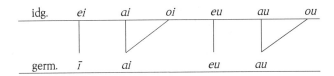

(3) 강세

인도유럽어에서는 강세가 어간뿐만이 아니라 전철이나 후철 등 어느 음절에나 올 수 있는 자유강세(freier Akzent)였으나, 게르만어에 이르러서는 강세가 단어의 첫 음절에 오는 어두강세(Anfangsbetonung)로 바뀌었다. 어두강세의 결과로 게르만어에서는 단어의 어말음(語末音)이 약화되어, 문법에 있어서 광범위하게 어형변화 체계의 변이를 초래하였다. 따라서 단어의 어말음이 단모음(1Mora)인 경우에는 이 모음이 탈락되었고, 장모음(2Moren)인 경우에는 단모음(1Mora)으로 바뀌었고, 자음인 경우에도 m은 n으로 바뀌는 등 여러 종류의 약화 현상이 발생하기도 하고 탈락되기도 하였다.

> **z.B.** idg. *uoida, gr. οἶδα 〉 got. wait : (ich) weiß
>
> idg. jugom, lat. jugum 〉 got. juk : Joch
>
> idg. bheroit, ai. bharēt 〉 got. baírai : (ich möge) tragen

어두강세는 복합어에서 전철에까지 강세가 오게 되었으나, 어두강세가 확립된 후에 생겨난 복합동사의 경우에는 기초어에 강세가 존재하였다.

> **z.B.** Ántwort, Úrteil : entstéhen, ertrágen

어두강세는 시의 운율에도 두운법(頭韻法 : Stabreim)이라는 새로운 운율이 생겨나게 되었으며, 여기에서 유래한 표현은 신고지독일어에까지도 일부 남아 있다.

z.B. Haus und Hof, singen und sagen

2) 어형론

인도유럽어의 자유강세가 게르만어에 이르러서는 어두강세로 바뀜에 따라, 인도유럽어의 명사 및 동사의 어미 체계가 간소화되고, 게르만어에서는 명사 및 동사에 전혀 새로운 변화체계가 나타났다.

(1) 명 사

인도유럽어에서의 8개의 격이 게르만어에 이르러서는 주로 4개의 격(주격, 속격, 여격, 대격)만 남게 되었다. 그러나 일부 격 어형이 소멸되기는 하였지만, 그 기능은 남아있는 격이 대신하고 있으니, 예를 들면 인도유럽어의 호격의 어형은 게르만어 이후에는 주격에 그 기능이 통합되었고, 인도유럽어의 탈격 처격 및 구격은 여격에 그 기능이 통합되었다. 명사의 수에 있어서도 양수는 소멸되고서 복수에 통합되었다.

게르만어에서 명사변화는 원칙적으로 인도유럽어에서처럼 어간후철의 모음에 따른 -a-, -i-, -o-, -u-변화와, 자음에 따른 -r-, -s-, -n-, -nt-변화 및 어근명사 변화로 구분되나, 이 변화체계가 인도유럽어에 비하여 훨씬 간소화되어 -n-변화는 약변화로, 기타의 모든 변화는 강변화라는 양대 변화 체계로 재편되게 되었다.

(2) 동 사

게르만어의 동사에서는 양수의 변화가 소멸되고, 그 기능은 복수로 표현되었으며, 중간태(Medium)는 완전히 사라지고, 그 기능은 주로 재귀대명사나 부정대명사나 화법조동사로써 표현되든가, 혹은 능동태의 자동사로 표현하게 되었다.

인도유럽어에서도 동사의 시칭표현 방법이 다수의 동사의 경우 어근에 가음이나 반복철이나 어간후철을 첨가하여 표현하고, 소수의 경우에는 동사 어간의 모음이 교체되기도 하였으나, 게르만어에서는 시칭의 표현에서 반복현상에 의한 표현이 일부 동사에만 남게 되고, 다수의 동사는 어간의 모음을 교체하여 표현하였다.

① 반복동사(Reduplikationsverben)

게르만어의 과거시칭은 인도유럽어의 완료시칭에서 유래하였으며, 이 과거시칭의 표현 방법에 있어서 소수의 동사의 경우에는 인도유럽어에서와 마찬가지로, 어근 앞에 반복철을 첨가하여 표현하였기 때문에 이런 동사들을 반복동사라 한 것이다.

> **z.B.** got. haitan, haíhait, haíhaitum, haitans
>
> got. letan, laílot, laílotum, letans

② 강변화동사

인도유럽어에서도 동사의 시칭 표현 방법으로는 간모음이 교체되는 경우가 대부분이었으나, 게르만어에 이르러서는 이렇게 모음교체에 의한 시칭 표현방법이 더욱 확대되었으며, 이런 식으로 모음교체에 의하여 시칭을 표현하는 동사를 강변화동사라 일컬으며, 게르만어 이후부터는 강변화동사의 기본형으로 부정사, 과거 단수형, 과거 복수형, 과거분사의 4어형이 존재하며, 각 기본형의 어형에 따라 동사의 간모음이 질적, 양적 교체를 하였다.

> **z.B.** gr. λείπω 1Sg. Prs. Akt. Ind.
>
> ἔλιπον : 1Sg. Aor. Akt. Ind.
>
> λέλοιπα : 1Sg. Perf. Akt. Ind.

모음의 질적 교체는 고저에 의한 강세에서 유래하였고, 모음의 양적 교체는 강약에 의한 강세에서 유래한 것이다. 모음의 양적 교체에서 단모음(1Mora)인 경우를 Vollstufe(혹은 Grund-, Normai-, Hochstufe)라 하고, 장모음(2Moren)인 경우를 Dehnstufe라 하고, 모음이 소멸되어버린 경우를 Schwundstufe라 한다. 게르만어 동사의 기본형에서 부정사와 과거 단수형은 동사의 간모음이 Vollstufe로 되어 있고, 과거 복수형과 과거분사는 대체로 Schwundstufe로 되어 있다.

위의 그리스어 동사의 예(λείπω, ἔλιπον, λέλοιπα)에서 간모음의 교체체계(Ablautsystem)는 직설법 능동태 현재형 λείπω에서는 ε/o+ι으로 표현되어 있으나, Aorist 어형 ἔλιπον의 어간에는 ε/o가 소멸되었기 때문에 Aorist 어형의 간모음의 교체 계열은 Schwundstufe로 표현되어 있는 것이고, 완료형의 어형 λέλοιπα에서는 간모음이 ε/o로 나타나 있으므로 완료형의 모음 교체 계열이 Vollstufe로 표현되어 있는 것이다.

게르만어 강변화동사는 7계열로 구분되며, 1계열에서 5계열까지의 동사는 어간이 e/o에 일정한 모음 및 자음이 첨가되는 e/o 교체 동사이고, 6계열은 간모음이 a/ō로 교체되는 동사이고, 7계열은 본래 반복동사였던 것이다.

※ 모음교체 계열

Kl. I : V¹, V², S, S

    (Ablautsystem : e/o+i : idg. ei, oi, i, i : germ. ī, ai, i, i)

Kl. Ⅱ : V¹, V², S, S

    (Ablautsystem : e/o+u : idg. eu, ou, u, u : germ. eu, au, u, u)

Kl. Ⅲ : V¹, V², S, S

    (Ablautsystem : e/o+N/L

    idg. e+m,n,l,r+K, o+m,n,l,r+K, m,n,l,r+K, m,n,l,r+K,

    germ. i+N/L+K, a+N/L+K, u+N/L+K, u+N/L+K,)

Kl. Ⅳ : V¹, V², D¹, S

    (Ablautsystem : e/o+N/L

    idg. e+m,n,l,r, o+m,n,l,r, m,n,l,r, m,n,l,r

    germ. e+N/L, a+N/L, ē+N/L, u+N/L)

Kl. V : V¹, V², D¹, V¹

    (Ablautsystem : e/o+K :

    idg. e+K, o+K, ē+K, e+K : germ. e+K, a+K, ē+K, e+K)

Kl. Ⅵ : V¹/₂, D¹/₂, D¹/₂, V¹/₂,

    (Ablautsystem : a/ō

    idg. a/o, ā/ō, ā/ō, a/o : germ. a, ō, ō, a)

Kl. Ⅶ : 반복동사

③ 약변화동사

게르만어에 이르러 동사의 어근이나 명사에, tun 동사의 완료형을 어미의 형태로 첨가한 약변화동사라는 새로운 동사가 생겨났다.

z.B. tun : idg. *dhōmi

Perf. : idg. *dhedhōm ⟩ germ. dedō(n) ⟩

dedō ⟩ ahd.. teta ⟩ mhd. tete

※ 약변화동사의 종류

-jan 동사   : nasjan 'retten', got. : nas-ida nhd. nährte

-ōn 동사   : salbon 'salben' got. : salb-ōda

-ēn 동사   : haban 'haben' got. habaida

-nan 동사 : fullnan 'voll werden' got. fullnoda

3) 통사론

(1) 과거현재동사

※ 부정사   현재형 sg/pl.

witan : 'wissen' 1sg. wait, 2sg. waist. 3sg. wait

1pl. witum, 2pl. wituþ, 3pl. witun

kunnan : 'kennen' 1sg. kann, 2sg. kan(n)t, 3sg. kann

1pl. kunnum, 2pl. kunnut, 3pl. kunnum

scolan : 'sollen' 1sg. scal, 2sg. scalt, 3sg. scal

1pl. sculun, 2pl. sculuþ, 3pl. sculun

magan : 'vermögen' 1sg. mag, 2sg. magt, 3Sg. mag

1pl. magum, 2pl. maguþ, 3pl. magun

(2) 기타 불규칙동사

※ 부정사   현재형 sg/pl.

wisan : 'sein' 1sg. im, 2sg. is, 3sg. ist

              1pl. sijum/sium, 2pl. sijuþ, 3pl. sind

wijan : 'wollen' 1sg. wiljau, 2sg. wileis, 3sg. wili

              1pl. wileima, 2pl. wileiþ, 3pl. wileina

게르만어 시대에 이르러서 동사의 어근이나 명사에 tun 동사의 완료형을 어미의 형태로 첨가하여 생겨난 동사들을 약변화동사라 하며, 이후 유럽의 각국 언어는 불규칙 동사를 강변화동사(strong verb, starke Verben)라 하고, 규칙동사를 약변화동사(weak verb, schwache Verben)라 일컫게 되었으며, 약변화동사란 그 어형이 규칙적인 점으로 인하여 약변화동사라 일컫게 된 것이고, 종래의 인도유럽어의 산스크리트나 그리스어나 라틴어의 동사는 강변화동사라 칭하게 되었고, 이후 신고지독이어에 이르기까지 동사변화를 강변화동사와 약변화동사로 구분하고 있는 것이다.

게르만어 시대에는 이밖에도 과거현재동사와, 기타 불규칙동사도 존재하며, 이들 동사들의 변화는 다음과 같다.

4) 어휘의 증가

게르만어에는 인도유럽어 시대에 볼 수 없었던 새로운 어휘가 다수 나타난다. 농경, 목축, 주거, 기술, 교통 등 여러 분야에서의 발전으로 인하여 수많은 어휘가 생겨나서 상당수는 신고지독일어에까지 전해지고 있다.

농경 및 목축 분야:

Bohne, braten, Brot, dengeln, Dotter, Dung, Fleisch, Harke, Hechel, Hengst, Herd, Kalb, Krippe, Lamm, Leder, Mähne, Roß, rösten, Schaf, Schinken, sieden, Speck, Speiche, Talg, weiden

동물명:

Habicht, Häher, Hahn, Henne, Iltis, Marder, Rabe, Reh, Reiher, Storch, Taube, Ur, Wiesel, Wisent

주거 분야:

Bank, Bett, Esse, First, Halle, Hof, Laube, Saal, Span, Sparren, Wand

항해 및 어업 분야:

Aal, Dorsch, Ebbe, Fock, Hafen, Haff, hissen, Kahn, Kiel, Klippe, leck, Luke, Möwe, Netz, Reuse, Schiff, Schoner, schwimmen, See, Segel, Steuer, Strand, Takel, Tran

방위명:

Ost, West, Süd, Nord

전쟁 및 무기 분야:

Bogen, Fehde, feige, fliehen, Helm, ringen, Schild, Schwert, Spieß, Waffe, zwingen

인명[31]:

Gunter(Gundahari: Kampf+Heer), Hildebrand/Hadubrand

---

31 게르만인들의 인명 중에는 전쟁, 무기, 승리, 명예 등에서 유래한 이름이 상당 수 있다.

(Kampf+Schwert), Ludwig(kampfberühmt), Hedwig/
Hildegund(Kampf+Kampf)

법률, 국가 제도 및 윤리 분야 :

Adel, Ding, Friede, König, Krieg, Sache, Volk

게르만인들은 켈트어와 라틴어로부터도 많은 어휘를 차용하기도 하였다.

z.B. Amt, Eid, Eisen, Erbe, frei, Geisel, Lot, Mähre, Reich, Rune

켈트어나 라틴어로부터 차용된 고유명사나 형용사도 존재한다.

z.B. Bregenz, Kempten, Linz, Mainz, Solothurm, Wien,
Worms/Donau, Isar, Main, Rhein, Sieg/ Wallonen,
Walnuß, Welschland, welsch

5) 게르만 부족 및 언어의 분류

게르만 민족은 기원전 1200년경부터 기원전 800년경까지의 청동기 시대에 Jütland 반도에서부터 Weichsel강 연안까지의 지역에 거주하다 가, 기원전 6세기부터 Elbe강의 중류 및 하류 지역으로 이주하였으며, 기원전 4세기부터는 Oder강과 Weichsel강 유역으로부터 동쪽과 남동쪽 으로 이주하였다. 기원전 100년경부터는 Wandal족, Burgund족 및 북 게 르만족으로부터 분리된 Got족이 거주하였다.

서기 1세기에는 게르만족의 이동이 잠시 멈추었으며, 이때부터 게르 만어는 각 종족간에 점점 차이가 나기 시작하여, 서기 3세기 이후부터 게르만 여러 개별 언어의 시대가 시작된 것이다. 이 개별 언어의 시대의 문헌으로는 Wulfila가 번역한 성서가 거의 유일한 문헌이라 할 수 있다.

Friedrich Maurer는 게르만 민족이 대이동을 시작하기 이전인 기원 원년경의 게르만 여러 종족을 다음과 같이 분류하였다.

① Nordgermanen

북 게르만인들은 스칸디아 반도의 남부 지방에 거주하다가 일부는 훗날 아이슬란드 섬으로 이주하였다.

② Ostgermanen od. Oder-Weichseol-Germanen

동 게르만인들은 Wandal족, Burgund 족, Got족으로 대표되며, 이들은 게르만 민족의 대 이동기에 흑해연안에서부터 남부 유럽을 거쳐 스페인까지 이주하였고, 일부는 북 아프리카로까지 이주하다.

③ Elbgermanen

Elbe강의 중류에 거주하였던 게르만인들 중에서 Alemann족은 3세기에 남서쪽으로 이주하였다가, 500년경에 Frank족의 Chlodwig에 의하여 남쪽으로 쫓겨났고. Semnon족의 일부는 이베리아반도로 이주하였고, Hermunder족은 Thüringen지방으로 이주하였고, Langobard족은 헝가리 평원을 거쳐 북부 이탈리아로 이주하였고, Markomann족과 Quad족은 기원 원년 경에 Main 지역으로 이주하였다가, 각각 6세기에 남부 Bayern 지역과, 8세기에 헝가리로 이주하였다.

④ Weser-Rhein-Germanen

Weser강과 Rhein강 지역에 거주하였던 게르만인은 후일에 Frank족과 Hessen족이 되었으며, 이들은 오늘날의 Hessen지방, 네덜란드, 벨기에, 북 프랑스 등에 거주하였고, 일부는 북해 게르만족과 동화되었다.

⑤ Nordseegermanen

북해 게르만인들은 Fries족과 Angel족과 Sachsen족으로 대표되며, Jüland 반도 및 북해 연안에 거주하다가, Angel족과 Sachsen족은 4, 5세기에 영국 섬으로 이주하였고, 대륙에 잔류하였던 종족은 Niedersachsen 족이 되었다.

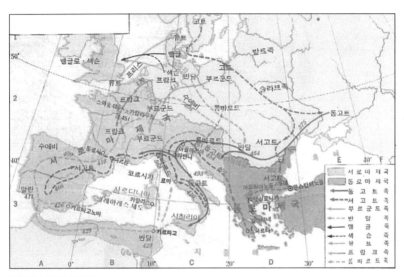

게르만 민족의 대이동

	부족명	원주지	건국지	존속 연대	멸망
동게르만	서고트	흑해 북서안	이베리아 반도	415~711	사라센에게
	동고트	흑해 북안	이탈리아	493~553	동로마에게
	반달	오데르 강 상류 유역	북아프리카	429~534	동로마에게
	부르군드	오데르 강 하류 유역	갈리아 동부	443~534	프랑크에게
	롬바르드	라인·엘베 강 사이	북이탈리아	568~774	프랑크에게
서게르만	프랑크	라인 강 동안	북갈리아	481~843	분열
	앵글로색슨	덴마크·엘베 유역	브리타니아	449~1066	노르만 인에게

게르만의 제왕국

3. 고트어(Gotisch)

게르만 조어 시대의 문헌과 게르만 개별언어 시대의 문헌을 통틀어도 Wulfila(311~383)의 번역성서 외에는 전승되고 있는 문헌이 전무한 상태이다.

Got족은 기원 원년 경까지 Weichsel강 유역에 거주하다가 2세기에 남동쪽으로 이주하기 시작하여 3세기 초에는 흑해 연안에 동·서 Got왕국을 건국하였다.

Wulfila는 서 고트족의 주교로서 그리스어 성서를 고트어로 번역하였으며, 그가 번역한 고트어 성서 codex argenteus는 본래 336매의 양피지에 기록된 은사본이었으나, 30년 전쟁 때에 스웨덴 군이 전리품으로 가져가서 현재에는 187매만 스웨덴의 Uppsala 대학 도서관에 보존되어 있다.

1) 음운론

(1) 모 음
단모음 : a, i, u, aí[ɛ], aú[ɔ]
장모음 : ā, ū, e[e :], ei[i :]
복모음 : ai, au, iu

(2) 자 음
고트어의 자음문자는 다음과 같다[32]

---

32 Got. 자음 문자의 유의할 몇 가지 음가를 예시하면 다음과 같다.
b[b,b], d[d,d], qu[qw], z[z], h[x,h], þ[θ], w[w], x[ks], ƕ[hw], gg[ŋg]

b, g, d, q, z, h, þ, k, l, m, n, j, p, r, s, t, w, f, x, ƕ

(3) Got. 특유의 음운변화

① idg. e 〉 got. i

   z.B. idg. *ed- 'essen' 〉 got. itan : ahd. eȝȝan

② germ. i, u 〉 got. aí[ɛ], aú[ɔ] + h, ƕ, r

   z.B. 1) germ. *fihu 'Vieh' 〉got. faíhu 'Geld' :

   　　　　ahd. fihu 'Vieh'

   z.B. 2) got. baúrgs 'Stadt' : ahd. burg 'Burg'

③ idg. qw 〉 germ. xu 〉 got. ƕ

   z.B. idg. *qu̥os 〉 got. ƕas 'wer' : ahd. (h)wer

④ got.에서는 s-z로 문법적 교체를 하지만, 북게르만어와 서게르만어
   에서는 s-r로 교체한다.

   z.B. got. huzd 'Schatz' : as. hord, ahd. hort 'Hort'

⑤ 게르만어의 어두음þl은 got.에서 þl로 유지되지만, 북게르만어와 서
   게르만어에서는 fl이 된다.

   z.B. got. þliuhan : an. flyja, ahd. fliohan

⑥ germ. b, d, z는 got.의 어말음에서 f, þ, s로 경화된다.

   z.B. got. giban 'geben' : gaf '(ich) gab'

witoþ 'Gesetz' : Sg. G. witodis

ƕas 'wer' : ƕazuh 'jeder'

2) 어형론

(1) 명 사

고트어의 명사도 인도유럽어의 명사처럼 어간후철에 따라 자음변화 및 모음변화를 하지만, 자음변화의 -n-변화가 약변화로, 기타 자음변화 및 모음변화는 강변화로 명사의 변화형이 재편되게 되었다.

① 명사 변화

a) 모음변화 : -a-(-wa-, -ja-, -ia-), -ō-(-jō-, -io-)

-i-(-ī-), -u-변화

b) 자음변화 : -n-(-an-, -ōn-, -īn-), -r-, -nd-변화

c) 어근명사 변화

z.B. 1) -a-변화 : dags : Tag, 2) -n-변화 : hana : Hahn

	Sg.	Pl.	Sg.	Pl.
N.	dags	dagos	hana	hanans
G.	dagis	dage	hanins	hanane
D.	daga	dagam	hanin	hanam
A.	dag	dagans	hanan	hanans
V.	dag			

대명사 및 형용사의 변화도 명사변화에 준한다.

② 대명사 변화

		1인칭	2인칭	3인칭		
				m.	f.	n.
Sg.	N.	ik	þu	is	si	ita
	G.	meina	þeina	is	izos	is
	D.	mis	þus	imma	izai	imma
	A.	mik	þuk	ina	ija	ita
Du.[33]	N.	wit	*jut			
	G.	*ugkara	igqara			
	D.	ugkis	igqis			
	A.	ugkis	igqis			
Pl.	N.	weis	jus	eis	ijos	ija
	G.	unsara	izwara	ize	izo	ize
	D.	uns(is)	izwis	im	im	im
	A.	uns(is)	izwis	ins	ijos	ija

③ 형용사 변화

인도유럽어에서는 형용사도 명사와 마찬가지로 어간후철에 따라 모음변화 및 자음변화를 하였으나, got.에서는 형용사 변화에서도 명사변화의 경우처럼 -n-변화는 약변화로, 기타 모든 자음 및 모음변화는 강변화로 변화체계가 재편되었다.

---

33 대명사의 변화에는 `1, 2인칭의 경우 양수의 어형도 존재한다.

z.B. 1) 형용사 강변화(대명사적 변화)

got. blinds : blind

	Sg.			Pl.		
	m.	f.	n.	m.	f.	n.
N.	binds	blinda	blind/blindata	blindai	blindos	blinda
G.	blindis	blindaizos	blindis	blindaize	blindaizo	blindaize
D.	blindamma	blindai	blindamma	blindaim	blindaim	blindaim
A.	blindana	blinda	blind/blindata	blindans	blindos	blinda

z.B. 2) 형용사 약변화(n-변화)

got. blinds : blind

	Sg.			Pl.		
	m.	f.	n.	m.	f.	n.
N.	binda	blindo	blindo	blindans	blindons	blindona
G.	blindins	blindons	blindins	blindane	blindono	blindane
D.	blindin	blindon	blindin	blindam	blindom	blindam
A.	blindan	blindon	blindo	blindans	blindons	blindona

(2) 동사

고트어의 동사는 모음교체에 의하여 시칭을 표현하는 동사와 일부 반복동사로 구성된 강변화동사와, 일정한 어간후철을 첨가하여 시칭을 표현하는 약변화동사로 구분된다. 강변화동사는 어간의 구성 및 시칭 표현에 따라 7계열로 구분되고, 약변화동사는 후철의 종류에 따라 4계열로 구분된다.

시칭 표현에 있어서 현재형과 과거형 및 일부 수동형은 어형변화를 통하여, 기타 시칭은 신고지독일어의 경우처럼 조동사와의 복합형으로 표현한다.

① 강변화동사

강변화동사 중에서 1~5계열의 동사는 e-o 교체동사이고, 6계열의 동사는 a-ō 교체동사이고, 7계열의 동사는 반복동사이다.

Kl. I . Ablautsystem :　　e/o+i : V¹, V², S, S

　　　　　　　　　　　　idg. : ei, oi, i, i

　　　　　　　　　　　　germ. : ī,　ai, i, i

　　　　　　　　　　　　got. : ei[i :], ai, i, i

　　　　　　　　　　　　greipan 'greifen', graip, gripum, gripans

　　　　　　　　　　　　teihan 'zeigen', taih, taíhum, taíhans[34]

Kl. II . Ablautsystem :　　e/o+u : V¹, V², S, S

　　　　　　　　　　　　idg. : eu, ou, u, u

　　　　　　　　　　　　germ. : eu, au, u, u

　　　　　　　　　　　　got. : iu[35], au, u, u

　　　　　　　　　　　　niutan 'genießen', naut, nutum, nutans

　　　　　　　　　　　　tiuhan 'ziehen', tauh, taúhum, taúhans[36]

Kl. III a. Ablautsystem :　　e/o+NK : V¹, V², S, S

　　　　　　　　　　　　idg. : e+m,n+K, o+m,n+K, m,n+K, m,n+K

　　　　　　　　　　　　germ. : i+NK[37], a+NK, u+NK, u+NK

　　　　　　　　　　　　got. : i+NK, a+NK, u+NK, u+NK

　　　　　　　　　　　　bindan 'binden', band, bundum, bundans

---

34 II, 3, 1), (3) ② 참조.
35 II, 3, 1), (3) ① 참조.
36 II, 3, 1), (3) ② 참조.
37 II, 3, 1), (3) ① 참조.

Kl. Ⅲb. Ablautsystem : e/o+LK : V^1, V^2, S, S

idg. : e+l,r+K, o+l,r+K, l,r+K, l,r+K

germ. : e+LK, a+LK, u+LK, u+LK

got. : i+LK, a+LK, u+LK, u+LK

hilpan 'helfen', halp, hulpum, hulpans

waípan 'werfen', warp, waúrpum, waúrpans

Kl. Ⅳ. Ablautsystem : e/o+L/K : V^1, V^2, D^1, S

idg. : e+m,n,l,r, o+m,n,l,r, m,n,l,r, m,n,l,r

germ. : e+N/L, a+N/L, ē+N/L, u+N/L

got. : i+N/L, a+N/L, ē+N/L, u+N/L

niman 'nehmen', nam, nemum, numans

baíran 'tragen', bar, berum, baúrans

Kl. Ⅴ. Ablautsystem : e/o+K : V^1, V^2, D^1, V^1

idg. : e+K, o+K, ē+K, e+K

germ. : e+K, a+K, ē+K, e+K

got. : i+K, a+K, ē+K, i+K

giban 'greben', gaf, gebum, gibans

saíƕan 'sehen', saƕ, seƕum, saíƕans

Kl. Ⅵ. Ablautsystem : a/o-ā/ō : $V^1/_2$, $D^1/_2$, $D^1/_2$, $V^1/_2$

idg. : a/o, ā/ō, ā/ō, a/o

germ. : a, ō, ō, a

got. : a, ō, ō, a

faran 'fahren', for, forum, farans

Kl. Ⅶ. Ablautsystem : $V^1/_2$, R, R, $V^1/_2$;

V^1, R+V^2, R+V^2, V^1

idg. : $V^1/_2$, R, R, $V^1/_2$; V^1, R+ō, R+ō, V^1

germ. : $V^1/_2$, R, R, $V^1/_2$; V^1, R+ō, R+ō, V^1

got ① : $V^1/_2$, R, R, $V^1/_2$; V^1, R+ō, R+ō, V^1

haitan 'heißen', haíhait, haíhaitum, haitans

letan 'lassen', laílot, laílotum, letans

② 약변화동사

약변화동사는 어간후철에 따라 다음과 같이 4종류로 분류된다.

Kl. I : -jan 동사 : nasjan 'retten'

Kl. II : -ōn 동사 : salbon 'salben'

Kl. III : -ēn 동사 : haban 'haben'

Kl. IV : -nan 동사 : fullnan 'voll werden'

③ 기타 동사

a) 과거현재동사(Präteritopräsentia)

게르만어의 과거형은 인도유럽어의 완료형에서 유래한 것이다.

z.B. gr. οἶδα : 1Sg. Perf. Akt. Ind. : (ich) weiß

고트어에는 인도유럽어의 완료형에서 유래한 과거 단수형이 현재의 의미로 사용되고, 과거 복수형은 약변화에 의하여 새로이 형성된 동사인 이른바 과거현재동사가 존재한다. 이들 과거현재동사는 과거 단수형에서 어간이 강변화동사에서와 마찬가지로 모음교체를 한다.

Kl. I : witan 'wissen', lais 'wissen'[38], aih 'besitzen'

Kl. II : daug '(es) taugt'

Kl. Ⅲ : kunnan 'kennen', þaúrbum 'bedürfen'[39], gadaúrsum 'wagen'

Kl. Ⅳ : munan 'meinen, glauben', skulum 'schuldig sein', ganah '(es) genúgt'

Kl. Ⅴ : magan 'vermögen'

Kl. Ⅵ : gamot 'Raum finden', og 'sich fürchte'

b) 불규칙동사

    z.B. wisan 'sein', wiljan 'wollen'

※ 동사의 인칭변화

a) 강변화동사

    z.B. Kl. Ⅱ : biudan 'bieten', Kl. Ⅳ : baíran 'tragen'

        Kl. Ⅵ : faran 'wandern', Kl. Ⅶ. haitan 'heißen'

❖ **현재형**

    ⟨Indikativ⟩

Sg. 1.	biuda	baíra	fara	haita
2.	biudis	baíris	faris	haitis
3.	biudiþ	baíriþ	fariþ	haitiþ
Du. 1.	biudos	baíros	faros	haitos
2.	biudats	baírats	farats	haitats

---

38 lais, aih, daug, ganah, gamot og 등은 현재 1, 3인칭 단수형이며, 문헌에는 부정사의 어형이 나타나지 않는다.

39 þaúrbum, gadaúrsum, skulum은 현재 1인칭 복수형이며, 문헌에는 부정사의 어형이 나타나지 않는다.

Pl.	1. biudam	baíram	faram	haitam
	2. biudiþ	baíriþ	fariþ	haitiþ
	3. biudand	baírand	farand	haitand

〈Optativ〉

Sg.	1. biudau	bairau	farau	haitau
	2. biudais	bairais	farais	haitais
	3. biudai	bairai	farai	haitai
Du.	1. biudaiwa	bairaiwa	faraiwa	haitaiwa
	2. biudaits	bairaits	faraits	haitaits
Pl.	1. biudaima	bairaima	faraima	haitaima
	2. biudaiþ	bairaiþ	faraiþ	haitaiþ
	3. biudaina	bairaina	faraina	haitaina

〈Imperativ〉

Sg.	2. biuþ	baír	far	hait
	3. biudadau	baíradau	faradau	haitadau
Du.	2. biudats	baírats	farats	haitats
Pl.	1. biudam	baíram	faram	haitam
	2. biudiþ	baíriþ	fariþ	haitiþ
	3. biudandau	baírandau	farandau	haitandau

〈Partizip Präsens〉

| | biudans | baírands | farands | haitands |

❖ 과거형

〈Indikativ〉

Sg.	1.	bauþ	bar	for	haíhait
	2.	baust	bart	fort	haíhaist
	3.	bauþ	bar	for	haíhait
Du.	1.	budu	beru	foru	haíhaitu
	2.	buduts	beruts	foruts	haíhaituts
Pl.	1.	budum	berum	forum	haíhaitum
	2.	buduþ	beruþ	foruþ	haíhaituþ
	3.	budum	berun	forun	haíhaitun

〈Optativ〉

Sg.	1.	budjau	berjau	forjau	haíhaitjau
	2.	budeis	bereis	foreis	haíhaiteis
	3.	budi	beri	fori	haíhaiti
Du.	1.	budeiwa	bereiwa	foreiwa	haíhaiteiwa
	2.	budeits	bereits	foreits	haíhaiteits
Pl.	1.	budeima	bereima	foreima	haíhaiteima
	2.	budeiþ	bereiþ	foreiþ	haíhaiteiþ
	3.	budeina	bereina	foreina	haíhaiteina

〈Partizip Perfekt〉

budans	baúrans	farans	haitans

❖ 수동형[40]

〈Indikativ〉

Sg.	1.	biudada	baírada	farada	haitada
	2.	biudaza	baíraza	faraza	haitaza
	3.	biudada	baírada	farada	haitada
Pl.1.2.3.		biudanda	baíranda	faranda	haitanda

〈Optativ〉

Sg.	1.	biudaidau	baíraidau	faraidau	haitaidau
	2.	biudaizau	baíraizau	faraizau	haitaizau
	3.	biudaidau	baíraidau	faraidau	haitaidau
Pl.1.2.3.		biudaindau	baíraindau	faraindau	haitaindau

b) 약변화동사

z.B. Kl. I : waljan 'wählen', Kl. II : salbon 'salben'

Kl. III : haban 'haben', Kl. IV. fullnan 'voll werden'

❖ 현재형

〈Indikativ〉

Sg.	1.	walja	salbo	haba	fullna
	2.	waljis	salbos	habais	fullnis
	3.	waljiþ	salboþ	habaiþ	fullniþ

---

40 got.에서 수동형은 현재시칭에서만 동사의 변화형으로 표현하고, 기타의 시칭에서는 nhd.에서처럼 조동사와의 복합형으로 표현한다.

Du.	1.	waljos	salbos	habos	fullnos
	2.	waljats	salbots	habats	fullnats
Pl.	1.	waljam	salbom	habam	fullnam
	2.	waljiþ	salboþ	habaiþ	fullniþ
	3.	waljand	salbond	haband	fullnand

⟨Optativ⟩

Sg.	1.	waljau	salbo	habau	fullnau
	2.	waljais	salbos	habais	fullnais
	3.	waljai	salbo	habai	fullnai
Du.	1.	waljaiwa	salbowa	habaiwa	fullnaiwa
	2.	waljaits	salbots	habaits	fullnaits
Pl.	1.	waljaima	salboma	habaima	fullnaima
	2.	waljaiþ	salboþ	habaiþ	fullnaiþ
	3.	waljaina	salbona	habaina	fullnaina

⟨Imperativ⟩

Sg.	2.	walei	salbo	habai	fulln
	3.	waljadau	salbodau	habadau	fullnadau
Du.	2.	waljats	salbots	habats	fullnats
Pl.	1.	waljam	salbom	habam	fullnam
	2.	waljiþ	salboþ	habaiþ	fullniþ
	3.	waljandau	salbondau	habandau	fullnandau

⟨Partizip Präsens⟩

waljands   salbonds   habands   fullnands

❖ 과거형

⟨Indikativ⟩

Sg.	1. walida	salboda	habaida	fullnoda
	2. walides	salbodes	habaides	fullnodes
	3. walida	salboda	habaida	fullnoda
Du.	1. walidedu	salbodedu	habaidedu	fullnodedu
	2. walideduts	salbodeduts	habaideduts	fullnodeduts
Pl.	1. walidedum	salbodedum	habaidedum	fullnodedum
	2. walidedeiþ	salbodeduþ	habaideduþ	fullnodeduþ
	3. walidedun	salbodedun	habaidedun	fullnodedun

⟨Optativ⟩

Sg.	1. walidedjau	salbodedjau	habaidedjau	fullnodedjau
	2. walidedeis	salbodedeis	habaidedeis	fullnodedeis
	3. walidedi	salbodedi	habaidedi	fullnodedi
Du.	1. walidedeiwa	salbodedeiwa	habaidedeiwa	fullnodedeiwa
	2. walidedeits	salbodedeits	habaidedeits	fullnodedeits
Pl.	1. walidedeima	salbodedeima	habaidedeima	fullnodedeima
	2. walidedeiþ	salbodedeiþ	habaidedeiþ	fullnodedeiþ
	3. walidedeina	salbodedeina	habaidedeina	fulln0dedeina

〈Partizip Perfekt〉

| waliþs | salboþs | habaiþs |

❖ 수동형

〈Indikativ〉

Sg.	1. waljada	salboda	habada
	2. waljaza	salboza	habaza
	3. waljada	salboda	habada
Pl.1.2.3.	waljanda	salbonda	habanda

〈Optativ〉

Sg.	1. waljaidau	salbodau	habaidau
	2. waljaizau	salbozau	habaizau
	3. waljaidau	salbodau	habaidau
Pl.1.2.3.	waljaindau	salbondau	habaindau

c) 과거현재동사

z.B. witan 'wissen', kunnan 'kennen', magan 'vermögen'

❖ 현재형

〈Indikativ〉

Sg.	1. wait	kann	mag
	2. waist	kan(n)t	magt
	3. wait	kann	mag
Du.	1. witu	kunnu	magu

	2. wituts	kunnuts	maguts
Pl.	1. witum	kunnum	magum
	2. wituþ	kunnuþ	maguþ
	3. witun	kunnun	magun

⟨Optativ⟩

Sg.	1. witjau	kunnjau	magjau
	2. witeis	kunneis	mageis
	3. witi	kunni	magi
Du.	1. witeiwa	kunneiwa	mageiwa
	2. witeits	kunneits	mageits
Pl.	1. witeima	kunneima	mageima
	2. witeiþ	kunneiþ	mageiþ
	3. witeina	kunneina	mageina

⟨Partizip Präsens⟩

witands	kunnands	magands

❖ 과거형

⟨Indikativ⟩

Sg.	1. wissa	kunþa	mahta
	2. wisses	kunþes	mahtes
	3. wissa	kunþa	mahta
Du.	1. wissedu	kunþedu	mahtedu
	2. wisseduts	kunþeduts	mahteduts

Pl.	1.	wissedum	kunþedum	mahtedum
	2.	wisseduþ	kunþeduþ	mahteduþ
	3.	wissedun	kunþedun	mahtedun

⟨Optativ⟩

Sg.	1.	wissedjau	kunþedjau	mahtedjau
	2.	wissedeis	kunþedeis	mahtedeis
	3.	wissedi	kunþedi	mahtedi
Du.	1.	wissedeiwa	kunþedeiwa	mahtedeiwa
	2.	wissedeits	kunþedeits	mahteduts
Pl.	1.	wissedeima	kunþedeima	mahtedeima
	2.	wissedeiþ	kunþedeiþ	mahtedeiþ
	3.	wissedeina	kunþedeina	mahtedeina

⟨Partizip Perfekt⟩

(　　) kunþs mahts

c) 불규칙동사

(a) wisan[41] : sein

---

41 인도유럽어에서는 직설법 능동태 현재 1인칭의 -ō와 -mi에 따라서 동사를 -ō 동사와 -mi동사로 구분하며, 그리스어부터는 대부분의 동사가 -ō동사이지만, 소수의 동사는 -mi 동사이다. 고트어의 wisan 동사는 직설법 및 희구법의 현재형에서는 mi- 변화를 하고, 기타 어형에서는 강변화를 한다.

❖ 현재형

<table>
<tr><td>⟨Indikativ⟩</td><td>⟨Optativ⟩</td></tr>
<tr><td>Sg. 1. im</td><td>Sg. 1. sijau/siau</td></tr>
<tr><td>2. is</td><td>2. sijais</td></tr>
<tr><td>3. ist</td><td>3. sijai</td></tr>
<tr><td>Du. 1. siju</td><td></td></tr>
<tr><td>Pl. 1. sijum/sium</td><td>Pl. 1. sijaima</td></tr>
<tr><td>2. sijuþ/siuþ</td><td>2. sijaiþ</td></tr>
<tr><td>3. sind</td><td>3. sijaina</td></tr>
</table>

❖ 과거형

<table>
<tr><td>⟨Indikativ⟩</td><td>⟨Optativ⟩</td></tr>
<tr><td>Sg. 1. was</td><td>Sg. 1. wesjau</td></tr>
<tr><td>2. wast</td><td>2. weseis</td></tr>
<tr><td>3. was</td><td>3. wesi</td></tr>
<tr><td>Pl. 1. wesum</td><td>Pl. 1. weseima</td></tr>
<tr><td>2. wesuþ</td><td>2. weseiþ</td></tr>
<tr><td>3. wesun</td><td>3. weseina</td></tr>
</table>

<table>
<tr><td>⟨Partizip Präsens⟩</td><td>⟨Partizip Perfekt⟩</td></tr>
<tr><td>wisands</td><td>(   )</td></tr>
</table>

(a) wiljan[42] : wollen

---

42 nhd.에서 wollen은 그 의미에 따라 화법조동사로 분류되며, 어형변화도 다른 화법조동

❖ 현재형		❖ 과거형	
〈Indikativ〉		〈Indikativ〉	〈Optativ〉
Sg. 1. wiljau		Sg. 1. wilda	wildedjau
2. wileis		2. ( )	( )
3. wili		3. wilda	wildedi
Du. 2. wileits		( )	( )
Pl. 1. wileima		1. wildedum	( )
2. wileiþ		2. wildeduþ	wildedeiþ
3. wileina		3. wildedun	( )

〈Partizip Präsens〉	〈Partizip Perfekt〉
wiljands	( )

3) 기타 게르만 개별언어

고트어를 제외한 게르만 개별언어로는 Altnordisch, Angelsächsisch (Old English), Altsächsisch를 들 수 있으나, 이들 언어에 관한 문헌은 대부분 7세기 이후부터 나타나므로, 시대적으로는 이들 언어가 고트어보다는 고고지독일어(Ahd.)와 비교될 수 있는 언어들이다.

이들 언어가 서로 동일 시대의 언어는 아니지만, 게르만 조어, 고트어, Altnordisch, Angelsächsisch, Altsächsisch 등의 관계를 비교해 보면 다음과 같다.

사와 같은 방법으로 변화하지만, got.에서는 wiljan의 직설법 어형이 희구법에서 유래한 것이고, 과거형은 약변화를 하고 있는 것이다.

(1) 북게르만어와 동게르만어

① urgerm. jj 〉 an. ggj / got. ddj

   z.B. urgerm. *tu̯ajjēo 〉 aisl. tveggia / got. twaddjē :

     zweier : G. Pl..

② urgerm. ww 〉 aisl., got. ggw

   z.B. urgerm. *trewwo 〉 aisl. trywe / got. triggwa : treu

③ 약변화동사 Kl. Ⅳ : -nan동사

   z.B. aisl. vakna, got. gawaknan : erwachen

④ 강변화동사의 과거 2단수의 어미

   z.B. aisl., got. gaft : (du) gabst

북게르만어와 동게르만어의 공통점은 이 두 언어의 형성 시기가 고트족이 Weichsel강 하류 지역을 떠나기 이전인 2세기말 이전이었음이 분명하다.

(2) 북게르만어와 서게르만어[43]

① urgerm. ē 〉 wgerm. ā

   z.B. as. lâtan, ahd. lāzzan : lassen : got. lētan

② urgerm. e 〉 wgerm. e

   z.B. an. eta, as. etan, ahd. ezzan : got. itan

③ urgerm.의 어두음 þl 〉 wgerm. fl

   z.B. an. flýja., as., ahd. fliohan : fliehen : got. þliuhan

---

[43] 서게르만족 및 서게르만어라는 용어는 오늘날 논란의 대상이긴 하지만, 대체로 Elbgermanen, Weser-Rhein-Germanen, Nordseegermanen을 총칭하는 의미로 사용된다.

④ urgerm. s 〉 wgerm. r

　　z.B. an. eyra, ahd. ōra : Ohr : got. auso

⑤ 반복동사의 반복철 소멸

　　z.B. as. hêt, ahd. hiaz : (ich) hieß : got. haíhait

서게르만어 상호간의 공통점은 이들 세 종족이 3세기까지 서로 인접
하여 거주하였던 사실에 기인한다.

(3) 서게르만어 특유의 음운현상

① 서게르만어에서는 j앞의 모음이 변모음할 때나, 때로는 w, r, l, m,
n 앞에서는 자음이 중복된다.

　　z.B. as. settian., afries. setta, ahd. sezzen

② 게르만 조어에서의 ð는 서게르만어에서 d가 된다.(참조 : got.와 an.
에서는 부분적으로만 d가 된다.)

　　z.B. as. biodan, afries. biada; an. bioða, got. biudan [biuðan]

③ 게르만 조어의 어말음 z(an.에서는 r로 나타남)는 서게르만어에서
소멸되었다.

　　z.B. as. ahd. fisk; got. fisks, an. fiskr

④ 강변화동사의 직설법 과거 2인칭 단수의 어미가 an.와 got.에서는
-t인 데에 반하여, 서게르만어에서는 -i이다.[44]

　　z.B. ahd. gābi; aisl., got. gaft

서게르만어가 기타 게르만족의 언어와 이러한 공통 현상을 보이는 것

---

44 서게르만어에서는 과거현재동사에서만 어미가 -t이다.

은 그 형성 시기가 Angelsachsen족이 3~5세기에 영국 섬으로 이주하기 이전에 형성되었다는 사실에 기인하는 것이다.

(4) 고트어(Got.)와 고지독일어(Hd.)

① 고트어와 고지독일어에서는 [f, θ, s] 앞에 n이 존재한다.

> **z.B.** got. anþar, ahd. ander; as. āđar, ōđar : ander
>
> got. ahd. uns; as. ūs : uns

② 대명사의 어말음으로 r 및 s가 존재한다.

> **z.B.** got. is, ahd. er; as. afries., ags. he/hē, hi/hī;
>
> got. mis, weis, ƕas : ahd. mir, wir, (h)wer;
>
> ags. me/mē, we/wē, hwā; as. mi/mī, wi/wī,
>
> hwē, hwie; ahd. der; as. thē/the/thie

③ got.와 ahd.에서는 동사의 복수 1, 2, 3인칭의 어미가 서로 다른 데에 반하여, ags.와 as.에서는 모두 동일하다.

> **z.B.** got. niman, nimiþ, nimand; ahd. nemamēs/nemēn, nemet, nemant; as. nimad, ags. nimad : 'nehmen'의 직설법, 현재, 복수 1, 2, 3인칭 어형
>
> got. namum, namuþ, namun; ahd. namum, namut, namun; as. namun, ags. nimon : 'nehmen'의 직설법, 과거, 복수 1, 2, 3인칭 어형

④ got.와 ahd.에서는 형용사가 단수 주격에서 대명사의 어미를 가지지만, as.와 ags.에서는 어미가 붙지 않는다.

> **z.B.** got. blinds, blinda, blindata; ahd. blintēr, blintiu, blintaz; as. ags. blind : 'blind'의 강변화 단수 주격

4) 어휘의 차용

게르만인들은 3세기 이후 로마인들과의 빈번한 접촉으로 인하여 라틴어에서 많은 어휘를 차용하였다. 이들 어휘의 대부분은 신고지독일어에까지 전해지고 있다.

    z.B. Becher, Birne, Bottich, Brief, eichen, Fenster, Flegel,
        Frucht, impfen, Kaiser, Kalk, Kamin, Kammer, Kampf,
        Karren, kaufen, Kaufmann, Keller, Kelter, Kerker,
        Kerze, Kessel, Kette, Kirsche, Kissen, Kiste, Kohl,
        Korb, Küche, Kümmel, Markt, Mauer, Meile, Mörser,
        Most, Münze, Pfahl, Pfanne, Pfeil, Pfeiler, Pfirsich,
        pflanzen, Pflaume, pflücken, Pforte, pfropfen, Pfund,
        Rettich, Sack, schreiben, Schrein, Sichel, Spiegel,
        Straße, Tinte, Tisch, Trichter, Wein, Wall, Winzer,
        Ziegel, Zins, Zoll, Zöllner

게르만인들은 3~5세기에 그리스어 및 라틴어의 표현으로부터 요일명을 차용하였으며, 이 요일명의 일부는 그리스인들이나 로마인들의 신의 이름을 게르만인들의 신의 이름으로 대체하기도 하였다.

    z.B. Sonntag 〈 dies solis : Tag der Sonne
        Montag 〈 dies lunae : Tag des Mondes
        Dienstag 〈 Tag von Thingsus[45] : dies Martis : Tag von Mars
        Mittwoch : engl. Wednesday 〈 Tag von Wodan[46] : dies Mercurii : Tag

---

45 Thingsus는 게르만인들의 전쟁의 신의 이름이다.

von Mercurius

Donnerstag 〈 Tag von Donar[47] : dies Jovis : Tag von Juppiters

Freitag 〈 Tag von Fria[48] : dies Veneris : Tag von Venus

Samstag[49] : engl. Saturday 〈 dies Saturni : Tag von   Saturnus

고트어에는 그리스어에서 차용된 어휘도 상당수 볼 수 있으며, 이것은 대부분 고트어 성서번역에서 유래한 것이다.

z.B. got. drakma 'Drachma' 〈 gr. δραχμή,

got. aípistaúle 'Brief' 〈 gr. ἐπιστολή,

got. aggilus 'Engel' 〈 gr. ἄγγελος,

got. aikklesjo 'Kirche' 〈 gr. ἐκκλησία,

서게르만어에서는 과거현재동사에서만 어미가 -t이다.

as. tharft, ahd. darft : (du) darfst

got. apaústaúlus 'Apostel' 〈 gr. ἀπόστολος,

got. aípiskaúpus 'Bischof' 〈 gr. ἐπίσκοπος

---

46 Wodan은 Odin(an. Odinn)으로도 표현되는 게르만인들의 신의 이름이다.
47 Donar신은 Wodan신과 함께 게르만인들의 가장 강력한 신이다.
48 Fria는 Wodan의 아내인 여신의 이름이다.
49 독일어로 토요일은 본래 Sonnabend였으며, Samstag는 그리스어 σάββατον의 통속라틴어 어형인 sabbatum 'Samstag'에서 유래하였다.

4. 결 론

인도유럽어의 여러 개별언어 중의 하나로 존재하였을 게르만어가 기원전 1000년대의 중반에는 언어상의 일대 변화가 발생하여, 그 후 게르만어는 기타 인도유럽어와는 전혀 다른 언어의 모습을 지니게 된 것이다. 그러나 기원전 1세기의 게르만어에 관한 최초의 문헌에서도 이러한 변화는 이미 종결된 언어의 모습을 나타내고 있으므로, 이 변화의 과정을 직접 볼 수는 없는 것이다.

게르만어가 인도유럽어와 다른 언어의 모습을 띠게 된 일련의 변화는 다음과 같다.

① 제1차 자음추이 및 Verner의 법칙에 의한 문법적 교체
② 인도유럽어의 자유강세가 어두강세로 바뀌었다.
③ 강세의 변화로 인하여 인도유럽어의 변화어미가 탈락되면서 명사 및 동사의 변화가 간소화되었다.
④ 인도유럽어에서는 형용사도 명사와 같이 어간후철에 따라 변화하였으나, 게르만어에서는 강변화 및 약변화의 양대 변화형으로 변화체계가 바뀌었다.
⑤ 동사변화로는 모음교체에 의한 강변화가 증가하고, 새로운 변화형으로 약변화가 생겨났다.

이러한 특성을 지녔던 게르만어가 기원전에는 종족 상호간에 언어상의 차이가 별로 크지 않았으나, 3세기 이후에는 점점 커다란 차이를 나타내게 되면서 개별언어 시대가 시작된 것이다.

게르만 민족의 대이동이 시작되기 이전에 게르만 민족은 다음과 같이 5개 종족으로 분류된다:

Nordgermanen, Ostgermanen, Elbgermanen, Weser-Rhein-Germanen, Nordgermanen

Wulfila가 번역한 고트어 번역 성서는 게르만 개별언어에 속하는 유일한 문헌이라 할 수 있을 정도이지만, 고트어는 독일어가 속해있는 소위 서게르만어가 아니고 동게르만어인 것이다. 따라서 고트어는 음운이나 문법에 있어서 서게르만어와는 다소 차이점을 보이고 있지만, 독일어 시대가 시작되기 이전의 게르만어 연구에는 지대한 중요성을 지닌 언어인 것이다.

z.B. 요한복음 8장 30절:

산스크리트: tadā tasyaitāni vākyāni śrutvā bahuvastāsmin
vyaśvasan |

tadā: adv. 그 때에.

tasyaitāni: tad(he)의 m. sg. gen + etad(this)의 n. pl. acc.가
a + e = ai의 연성법칙에 따라, **tasyaitāni**가 되었음.

vākyāni: vākya(말)의 n. pl. acc.

śrutvā: śru(듣다)의 ger.로서, (듣고 있는)의 의미가 된다.

bahuvastāsmin: bahu(많은) + vastṛ(사는 사람)이 ā + a = ā로
연성이 되어 bahuvastāsmin이 되었음.

vyaśvasan: 3sg. ipf. (믿다)

※ **본문번역** : 그때에 그분께서 이런 사실들을 말씀하시자, 듣고 있는 많은 사람들이 그분을 믿었다.

그리스어 : Ταῦτα αὐτοῦ λαλοῦντος πολλοὶ ἐπιστευσαν εἰς αὐτόν

Ταῦτα : τοῦτο(this)의 n. pl. acc.

αὐτοῦ : αὐτός(this)의 m. sg. gen.

λαλοῦντος : λαλέω(말하다)의 ppr, m. sg. gen.

πολλοὶ : πολύς(many)의 m. pl. nom.

ἐπιστευσαν : πιστεύω(believe)의 aor. 3pl.

εἰς αὐτόν : 대격지배 전치사(in, into) + αὐτός(he)의 m. sg. acc.

라틴어 : Haec illo loquente, multi crediderunt in eum.

haec : hic(this)의 n. pl. acc..

illo : ille(that)의 m. sg. abl.

loquente : loquor(v. dep) "말하다"

multi : multus('many)의 m. pl. nom.

crediderunt : credo(believe)의 pf. 3pl.

in eum. : in, into + him

고트어 : þata imma rodjandin, managai galaubidedun imma.

þata : 지시대명사(this)의 n. pl. acc.

imma : 인칭대명사(he)의 m. sg. dat.

rodjandin : rodjan(say)의 ppr. m. sg. dat.

managai : manags(many)의 m. pl. N.

galaubidedun : galaubjan(believe)의 p. 3pl.

영어(Mod.Eng.) : As he said these things, many believed in Him.

독일어(nhd.) : Als er das sagte, glaubten viele an ihn.

영한 대조 성경번역 : 이 말씀을 하시매 많은 사람이 믿더라.

Ⅲ. 고고지독일어(Althochdeutsch)

1. 서설

4세기 후반에 시작된 게르만 민족의 대이동이 거의 200년 동안이나 계속되는 와중에 로마제국도 결국 게르만 민족에 의하여 멸망하였으며, 이런 과정에서 게르만 여러 군소 부족들이 보다 대규모의 종족으로 통합되면서 그들의 국가를 건국하였지만, 그 대부분은 오래 지속되지 못하고 멸망하였으나, Chlodwig Ⅰ세가 지배하였던 Merowing왕조의 Frank왕국은 고대 로마제국을 대신하여 유럽의 역사를 계승하는 국가로 등장하였다. Frank왕국은 독일도 프랑스도 아닌, 게르만 민족이 게르만인들뿐만 아니라, 여러 다양한 민족들을 지배하는 국가였던 것이다. Frank왕국은 시조인 Chlodwig 이후에 특별한 명군이 나타나지는 않았지만, 기독교와 호족들의 비호에 의하여 국가가 존속되어 오다가 8세기 초부터 유럽 대륙의 서쪽에서부터 점점 동쪽으로 세력을 확산해 오던 이슬람 세력으로부터 위협을 받게 되자, Frank왕국의 궁재(宮宰) Karl Martell이 오늘날 프랑스의 Tours와 Poitiers지역의 전투에서 이슬람군을 격퇴하고 실권을 잡았으며, 그의 아들 Pippin der Kleine가 Soissons 제후회의에서

국왕으로 추대되어 왕권을 잡게 됨으로써 왕권은 Karoling왕조로 계승된 것이다.

Pippin의 아들인 Karl 대제는 Frank왕국의 역사상 가장 위대한 명군으로서, Langobard족과 Sachsen족을 정벌하는 등 서로마제국의 영토의 대부분을 통일하였다. Frank왕국은 왕권을 왕자들에게 상속하는 전통에 따라 왕자들 간에 세력다툼이 발생하는 경우가 잦았으며, 특히 Karl 대제의 손자 대에 이르러서는 왕자들 간의 세력다툼으로 인하여 842년에는 Straßburg에서 왕자들 간에 화해의 선서[50]를 하고, 이듬해에 Verdun조약을 체결하여 왕국을 3분할하였다. 그후 870년에는 다시 Mersen조약에 의하여 왕국이 동·서 Frank왕국으로 재편됨에 따라, 동 Frank왕국은 이후 독일이 되고, 서 Frank왕국은 France가 된 것이다.

한편 동 Frank왕국은 지배계급이나 국민이 모두 게르만 민족이었으나, 서 Frank왕국의 경우 지배계급은 게르만 민족이었지만, 그 국민은 기원전 1세기부터 로마의 지배하에 살면서 로만화한 국민이었으며, 10세기 말에 이르러 Karoling왕조의 직계가 단절되자 Capet왕조로 계승됨으로써, 로만계의 민족이 지배하는 France가 된 것이다.

서 Frank왕국의 국민들은 라틴어에서 형성된 고대 불어인 자신들의 언어를 frenkisk라 칭하고, 지배계급 및 동 Frank왕국과의 접경지역의 Mosel강 Schelde강 지역에 살고 있었던 게르만인들의 언어를 *Þeudisk[51]라 칭하였으나, 서 Frank왕국이 완전히 로만화한 이후에는 그 국민들은 자신들을 France국민으로, 그들의 언어를 France어로 칭하게 됨에 따라,

---

50 Straburger Eide : 842년 2월 14일에 Karl der Kahle와 Ludwig der Deutsche가 각각 상대방 지지 군중을 향하여 고고지독일어와 고대불어로 서약한 선서이다.

51 *Þeudisk는 게르만어 *Þeuda 'Volk(민중)'에서 유래하였으므로, *Þeudisk는 '민중어'라는 의미인 것이다. 최초의 기록은 786년에 통속라틴어형 theodiscus로 나타나 있다.

*Þeudisk라는 단어는 더 이상 서 Frank왕국에서는 불필요하게 되었으며, 이 단어는 오히려 본래 게르만족의 국가인 동 Frank왕국으로 수입되어 오늘날의 Deutsch가 된 것이다.

진정한 의미에서의 독일의 역사는 9세기 중엽 이후부터 시작되었다고 할 수 있지만, 독일어의 역사는 게르만 민족이 대이동기간 중에 군소 부족들이 Frank족, Bayern족, Alemann족, Langobard족 등의 대규모의 종족으로 통합되면서, 이들 방언으로 이루어진 고고지독일어라는 새로운 언어의 시대가 시작된 것이다.

독일어사의 시대구분은 학자에 따라 서로 다르며, 5세기말부터 시작된다고 하는 학자들도 있지만, 대부분은 고고지독일어에 관한 문헌이 본격적으로 나타나는 8세기 중엽부터 시작된다고 보는 것이 일반적인 견해라고 할 수 있다.

※ 독일어사의 시대구분

J. Grimm : 700 ― ahd. ― 1100 ― mhd. ― 1500 ― nhd.→

W. Scherer : 750 ― ahd ― 1050― mhd.― 1350 ― frnhd. ― 1650 ― nhd.→

H. Moser : 750 ― frühdt ― 1170 ― jüng. frühdt ― 1500 ― nhd. →

P. v. Polenz : 750 ― früh.m. a. dt. ― 1150 ― hoch./spät. m. a. dt. ― 1460 ― nhd.→

H. Eggers : 750 ― ahd. ― 1050 ― mhd. ― 1350 ― frnhd ― 1650 ― nhd.→

W. Schmidt : 5./6.Jh. : früh. m.a.dt. ― 1050 ― h. m.a.dt. ― 1250 ― sp. m.a.dt. ― 1500 ― Dt. d. Nz.→

고고지독일어는 문어로서조차 통일된 언어가 아니고, 여러 방언의 집합체였으며, 고고지독일어를 대표하는 종족으로는 Baiern족, Alemann족, Thüringen족, Frank족, Sachsen족, Fries족을 들 수 있다. 이들 종족의 언어 중에서 Bairisch와 Fränkisch가 고고지독일어에서 보다 큰 역할을 하였고, Alemannisch와 Niedersächsisch는 비교적 그 역할이 적었다.

게르만 민족의 대이동 기간 중에 북부 이탈리아로 이주하여 그들의 국가를 건국하였던 Langobard족[52]은 국가가 멸망한(774년) 후 점점 현지의 주민과 동화되어 독일어권에서 제외되게 되었다.

2. 음운론

1) 모 음

(1) 단모음 : a, e[53], ë[54], i, o, u, y

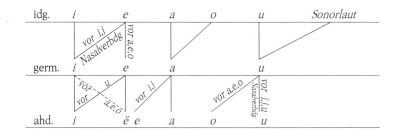

---

52 오늘날 북부 이탈리아의 지방명 Lombardia는 Langobard에서 유래한 것이다.
53 e는 게르만어 a의 i-Umlaut 현상으로 생겨난 모음으로서, 정확한 표기는 ę이지만 문헌에서는 서로 구별하지 않고 주로 e로 적고 있다.
54 ë는 게르만어의 e에서 유래한 모음으로서, 문헌에서는 주로 e로 적고 있다.

(2) 장모음 : ā, ē, ī, ō, ū

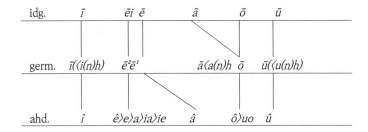

(3) 복모음 : ai, au, ea, ei, eo, eu, ia, ie, io, iu, ou, uo

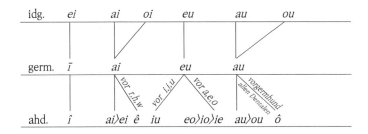

2) 자 음

(1) 단자음 : b, d, g, f, h, k, l, m, n, p, q, r, s, t, z, ʒ[55]

---

[55] z는 [ts]로, ʒ는 [s]로 구별하지만, 문헌에서는 주로 다같이 z로만 적고 있다.

(2) 복자음 : ff, hh, kch, kk, kw, pf, pp, tt, tz, zz

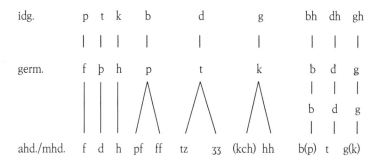

3) 음운의 변천

(1) 제2차 자음추이(2. od. hd. Lautverschiebung)

초기 독일어 시대에 자음 체계에 있어서 광범위한 변화가 발생하였으며, 이것을 제2차 자음추이(2. od. hd. Lautverschiebung)라 칭한다. 제2차 자음추이는 제1차 자음추이에서 생겨난 게르만어의 자음 p, t, k와 b, đ, g가 고고지독일어에서 겪게 된 변화를 말한다.

(i) germ. p, t, k 〉 ahd. pf, (t)z, kch

a) 어두음에
    z.B. got. pund 〉 ahd. pfunt : Pfund
        got. tiuhan 〉 ahd. ziohan : ziehen
        got. kaúrn 〉 ahd. chorn : Korn

b) 중자음에서
    z.B. ags. æppel 〉 ahd. apfuli : Apfel

as. sẹttian 〉 ahd. sẹtzen : setzen

as. wẹkkian 〉 ahd. wẹcchan : wecken

c) Nasale(m, n)·Liquidae(l, r) 다음의 어중음과 어말음에서

z.B. got. hilpan 〉 ahd. helpfan : helfen

got. þaúrp 〉 ahd. dorpf : Dorf

got. haírto 〉 ahd. herza : Herz

as. holt 〉 ahd. holz : Holz

as. werk 〉 aobd. werch : Werk

(ii) germ. p, t, k 〉 ahd. ff(f), zz(z), hh(ch)

a) 모음과 모음 사이에서

z.B. as. slāpan 〉 ahd. slāffan, slāfan : schlafen

as. etan 〉 ahd. ezzan : essen

as. makōn 〉 aobd. mahhōn, machōn : machen

b) 모음 뒤의 어말음에서

z.B. as. skip 〉 ahd. skif : Shiff

as. fōt 〉 ahd. fuoz : Fuß

as. ik 〉 ahd. ih : ich

(iii) b̑, d̑[56], g 〉 (b, d, g) 〉 ahd. p, t, k

z.B. got. baíran 〉 fränk. beran, bair., alem. peran[57] :

---

56 d̑는 ahd.의 여러 방언에서 d가 되었고, ostfränk. 등에서는 t가 되었다.

gebären

got. giban > fränk. geban, bair. kepan[58] : geben

제2차 자음추이는 일반적으로 남쪽 지방의 Alemannisch에서 발생하여 북쪽으로 확산되었다고 알려져 있다. 따라서 남쪽의 Oberdeutsch에서는 자음추이가 철저하게 발생한 반면, 북쪽의 Niederdeutsch에서는 발생하지 않았던 것이다.

오늘날 표준 독일어는 일반적으로 자음추이가 된 어형을 채택하고 있지만, 자음추이가 된 모든 어형이 표준 독일어가 아닌 것은 ahd. 시대에 Fränkisch가 주도적인 역할을 하였기 때문이다.

제2차 자음추이의 결과 독일어의 방언은 자음추이가 발생하지 않은 북쪽의 Niederdeutsch와 자음추이가 발생하는 남쪽의 Hochdeutsch로 분류되며, Hochdeutsch는 또 다시 자음추이가 부분적으로만 발생한 중부 지방의 Mitteldeutsch로 분류되기도 한다.

※ 독일어 방언의 분류

a) Oberdeutsch : Bairisch, Alemannisch, Oberdeutsches
   Fränkisch, (Südfränkisch, Ostfränkisch)
b) Mitteldeutsch : Mitteldeutsches Fränkisch (Rheinfränkisch,
   Mittelfränkisch), Thüringisch
c) Niederdeutsch : Niedersächsisch, Niederfränkisch

---

57 aobd.의 p는 11세기 이후에 fränk.에서 b로 대체되었다.
58 aobd.의 k는 10세기 이후에 fränk.에서 g로 대체되었다.

또한 자음추이 현상은 각 자음에 따라, 그리고 지역에 따라 다르게 나타나고 있으며, 특히 Rhein강 연안 지역에서 그 차이점이 두드러지게 나타나고 있다.[59]

※ Rhein강 연안 지역의 자음추이 분포

	k 〉 ch[60]		p 〉 f		t 〉 s	p 〉 pf	k 〉 ch[61]
Duisburg	ik	make	dorp	up	dat	apple pund	kind
Düsseldorf	ich	〃	〃	〃	〃	〃 〃	〃
Köln	〃	mache	〃	〃	〃	〃 〃	〃
	〃	〃	dorf	〃	〃	〃 〃	〃
Trier	〃	〃	〃	auf	〃	〃 〃	〃
Mainz	〃	〃	〃	〃	das	〃 〃	〃
	〃	〃	〃	〃	〃	apfel 〃	〃
Karlsruhe	〃	〃	〃	〃	〃	〃 pfund	〃
Schaffhausen	〃	〃	〃	〃	〃	〃 〃	(k)chind

제2차 자음추이의 발생 시기를 추정할 수 있는 근거로는 훈족의 왕명 Attila를 들 수 있다. Attila왕은 453년에 사망한 것으로 알려져 있으며, mhd.에서는 그의 이름이 Etzel로 나타나 있는 데에 반하여, 그의 생존시의 이름이 Attila로 전해지고 있는 점을 보면 5세기 중엽까지는 자음추이가 발생하지 않았음에 틀림없다.

따라서 제2차 자음추이의 발생 시기는 일반적으로 6세기 초부터 8세기 말까지로 보고 있다. 800년경에는 자음추이가 대체로 완결되었지만, 제2차 자음추이가 완전히 끝을 맺은 것은 1500년경이다.

---

59 Rhein강 연안 지역에서 maken-machen 경계선(Benrater Linie), Pund-Pfund 경계선 (Germersheimer Linie), ik-ich 경계선(Ürdinger Linie) 등이 부채꼴의 모양을 하고 있어서, 이것을 Rheinischer Fächer(라인지방의 부채꼴)이라 칭한다.
60 어중음 및 어말음의 ch.
61 어두음의 ch.

제2차 자음추이는 독일어사에서 ahd.라는 한 시대에 발생한 언어 현상인 것만은 아닌 것이다. 오늘날에 있어서 Niederdeutsch의 방언에는 자음추이 현상이 발생하지 않으며, 영어에도 역시 자음추이가 발생하지 않는 것이다.

영어는 게르만 민족의 대이동기에 오늘날 독일의 북부 지역의 방언인, 자음추이가 발생하지 않았던 Angel족과 Sachsen족의 언어에서 Old English가 형성되었고, 독일어는 자음추이가 발생한 지역의 어형을 표준어로 하기 때문에 두 언어 간에 차이를 보이는 것이다.

　　z.B. apple - Apfel, sit - sitzen, make - machen

(2) 기타 자음의 변천

ahd.에서 l, r 앞의 w와 r, n, w 앞의 h(ch)가 남쪽 방언에서부터 소멸되기 시작하였다.

그러나 Niedersächisch에서는 w는 유지된 반면에 h는 기타 방언에서처럼 9세기에 소멸되었다.

　　z.B. 1) got. wrikan 〉 ahd. rehhan : rächen

　　　　got. wlits 'Angesicht', as. wliti 'Aussehen'

　　　　　〉 ahd. antlizzi : Antlitz

　　z.B. 2) ahd. hlût 〉 lût : laut

　　　　as., ahd. hring 〉 rinf : Ring

　　　　ahd. hnîgan 〉 nîgan : neigen

　　　　ahd. hwîz 〉 wîz : weiß

Oberdeutsch에서는 8세기에 th[θ]가 đ음을 경유하여 d로 바뀌었다. 이

변화는 9~11세기에 점차적으로 Ostfränkisch, Rheinfränkisch, Altfränkisch
로 확산되었다.

> **z.B.** that 〉 dat, daz : das
>
> thing 〉 ding : Ding
>
> mānōth 〉 mānōd : Monat

(3) i-Umlaut

제2차 자음추이와 함께 ahd.의 음운체계에 있어서 광범위하게 나타난
음운변화로서 i-Umlaut(i-변모음)을 들 수 있다. ahd.에서 i-Umlaut는 게
르만어의 단모음 a가 후속음절에 i, j가 올 때에 ẹ로 바뀐 현상을 말한다.
그러나 a 다음에 hs나 ht가 올 때에나, 자음 + K 앞에서는 i-Umlaut가
발생하지 않았고, 또한 단모음 a 이외의 모음은 변하지 않았다.

> **z.B.** ahd. gast(Sg.) 〉 gẹsti(Pl.)
>
> ahd. lamb(Sg.) 〉 lẹmbir(Pl.)
>
> ahd. lang(원급) 〉 lẹngiro(비교급)
>
> cf. ahd. mahtig : mächtig; wahsit : (er) wächst

ahd.에서 단모음 a가 ẹ로 변한 현상을 제1차 i-변모음(i-Umlaut)이라
하고, 단모음 i 이외의 변모음이 가능한 모든 모음은 mhd.에 이르러 변
모음하며, 이것은 제2차 i-Umlaut라 한다.

i-Umlaut란 변모음이 가능한 모음 다음 음절의 i, j가 단어 내에 남아
있는 경우도 많지만, 결국은 i 및, j가 소멸되면서 그 조음 에네르기가
선행모음에 끼친 영향으로 인하여 발생하는 현상이므로 i 및, j가 남아있
는 동안에는 변모음의 표기가 꼭 필요하지는 않아서 표기가 되지 않았
을 뿐, 단모음 a 이외의 모음도 ahd. 시대에 이미 그 모음의 음가는 변해

있었을 것이라는 학설도 제기되고 있다.

i-Umlaut 현상은 독일어뿐만 아니라 Nordisch에서나 Old English에서도 공통적으로 발생하였으며, 독일어에서는 8~9세기에 북부 지방의 Nordseegermanisch에서부터 발생하여 점점 남쪽 지방의 방언으로 확산되었지만, Bairisch나 Alemannisch에서는 부분적으로만 발생하였을 뿐이다.

z.B. Osnabrück : Innsbruck, Rucksack

(4) 단모음화 현상(Monophthongierung)

게르만어의 복모음 ai는 7세기에 북부 지방의 방언에서부터 장모음 ē로 단(單)모음화 하였으며, Fränkisch, Bairisch, Alemannisch에서는 h, w, r 앞에서만 ē로 단모음화하고, 기타의 경우에는 ahd.에서 복모음 ei로 표현되었다.

z.B. got. gaits 〉 as. gēt, ahd. geiz : Geiß

got. aihts 〉 ahd. ēht : Besits

got. aiweins 〉 ahd. ēwin : ewig

got. air 〉 as. ahd. ēr : eher

게르만어의 복모음 au는 8세기 중엽에 as.에서부터 장모음 ō로 단(單)모음화 하였으며, ahd.에서는 치음(d, t, z, s) 및 n, r, l, h의 앞에서나 어말음에서만 ō로 단모음화하고, 기타의 경우에는 au로 표현되다가 9세기에 ou로 바뀌었다.

z.B. got. dauþus 〉 as. dōth, ahd. tōd : Tod

got. tauh 〉 as. tōh, ahd. zōh : (er) zog

got. aukan 〉 as. ōkian 〉 ahd. ouhhōn : vernehmen

(5) 복모음화 현상(Diphthongierung)

8~9세기에 Rheinfränkisch에서부터 게르만어의 장모음 ē가 ahd.에서 es, ia 〉 ie로 복모음화 하고, 게르만어의 장모음 ō는 ahd.에서 uo로 복모음화 하였다. 그러나 as.에서는 복모음화하지 않고, 장모음 그대로 유지되었다.

> **z.B.** got. hēr, as. hēr 〉 ahd. hiar, hier : hier
>
> got. broþar, as. brōdar 〉 ahd. bruoder : Bruder

(6) 강세 없는 모음의 변천

ahd.에서는 강세가 없는 음절의 모음도 대체로 a, e, i, o, u 등의 다양한 모음, 즉 완전모음(voller Vokal)으로 나타나지만, 게르만어 시대로부터 시작된 어두강세로 인하여 일부는 약화되었다. 특히 10세기 초부터 어말음절(語末音節)의 모음부터 약화되기 시작하였다.

(i) 어말음절의 모음

> **z.B.** got. nasjan 〉 ahd. nerian 〉 nerren : nähren
>
> got. kniu 〉 ahd. kneo, knio : Knie : Sg. D.
>
> got. snaiws 〉 ahd. snēo 〉 snē : Schnee
>
> ahd. gęsti 〉 gęste : Gäste : Pl. N.
>
> ahd. situ 〉 sito : Sitte

(ii) 어중음절의 모음

> **z.B.** ahd. lobōta 〉 lobeta : lobte
>
> ahd. weralt 〉 werolt : Welt

(iii) 전철(前綴)의 모음

z.B. ant- 〉 int- 〉 ent-

bi- 〉 be-

fur- 〉 far- 〉 fir- 〉 fer-

ga- 〉 gi- 〉 ge-

ur- 〉 ar- 〉 ir- 〉 er-

za- 〉 zi- 〉 ze-

3. 어형론

고고지독일어에서는 어형에 있어서도 여러 가지 표현의 변화가 나타났다.

게르만어에서부터 어두강세가 시작되면서 각종 변화어미가 간소화됨에 따라, 명사의 경우 수와 격을 보다 정확하게 표현하기 위하여 관사가 쓰이기 시작하였으며, 지시대명사에서 정관사가 생겨나고, 수사 1에서 부정관사가 생겨났다.

동사의 경우에도 인칭변화 어미가 간소화됨에 따라 인칭대명사 주어가 표현되기에 이르렀고, 명사 man을 부정대명사로 쓰게 되었으며, 명사나 대명사의 격에 있어서도 구격(Instrumental)은 durch, mit, von 등의 전치사를 사용하여 그 기능을 대체하였다.

동사의 시칭이나 태의 표현에 있어서도 haben sein 등을 조동사로 하고 본동사의 과거분사와 복합하여 완료형으로 표현하고, sollen, wollen, müssen 등을 조동사로 하고 본동사의 부정사와 복합하여 미래형으로 표현하였으며, sein, werden 동사를 본동사의 과거분사와 복합하여 수동태로 표현하는 등 언어 전반의 표현이 보다 분석적인 방향으로 변화를 가져오게 되었다.

(1) 명사

고고지독일어의 명사변화도 어간후철에 따라 모음변화 및 자음변화로 구분하지만, ahd. 명사의 변화형에서는 어간후철을 거의 찾아볼 수 없을 정도로 간소화 내지는 약화되어 있으므로, 고고지독일어의 명사변화는 -n-변화를 제외한 자음변화 및 모든 모음변화를 강변화로, -n-변화를 약변화로 양대별 할 수 있다.

z.B. 1) 강변화

-a-변화 명사 : tag : m. Tag, wort : n. Wort

Sg.	N.	tag	wort	Pl.	taga	wort
	G.	tages	wortes		tago	worto
	D.	tage	worte		tagum	wortum
	A.	tag	wort		taga	wort
	I.	(tagu)	(wortu)			

-ja-변화 명사 : hirti : Hirt, kunni : n. Geschlecht

Sg.	N.	hirti	kunni	Pl.	hirta	kunni
	G.	hirtes	kunnes		hirto	kunno
	D.	hirte	kunne		hirtim	kunnim
	A.	hirti	kunni		hirta	kunni
	I.	(hirtu)	(kunnu)			

-wa-변화 명사 : hlēo : m. Grabhügel, melo : n. Mehl

Sg.	N.	hlēo	melo	Pl.	hlēwa	melo

G. hlēwes melwes   hlēwo   melwo

D. hlēowe melwe   hlēwum   melwum

A. hlēo   melo   hlēwa   melo

-ō-변화 명사 : geba : f. Gabe

Sg. N. geba   Pl. gebā

G. geba   gebōno

D. gebu   gebōm

A. geba   gebā

-jō-변화 명사 : sunta : f. Sünde, kuningin : f. Königin

Sg. N. sunta   kuningin   Pl. suntā   kuninginnā

G. sunta   kuninginna   suntōno   kuninginnōno

D. suntu   kuninginnu   suntōm   kuninginnōm

A. sunta   kuninginna   suntā   kuninginnā

-i-변화 명사 : gast : m. Gast, stat : f. Stätte

Sg. N. gast   stat   Pl. gesti   gesti

G. gastes   steti   gesto   gesto

D. gaste   steti   gestim   gestim

A. gast   stat   gesti   gesti

I. (gastu)

-u-변화 명사 : situ : m. Sitte, sunu : m. Sohn

Sg. N. situ   sunu   Pl. siti   suni

G. sites   suno   sito   sunio

D. site   suniu   sitim   sunum

A. situ   sunu   siti   sunu

I. (situ)   (sunu)

-ir-변화 명사[62] : kalb : n. Kalb

Sg.	N. kalb	Pl.	kelbir
	G. kalbes		kelbiro
	D. kalbe		kelbirum
	A. kalb		kelbir

-īn-변화 명사 : hōhī : f. Höhe

Sg.	N. hōhī	Pl.	hōhī
	G. hōhī		hōhīno
	D. hōhī		hōhīm
	A. hōhī		hōhī

-er-변화 명사 : fater : m. Vater, muoter : f. Mutter

Sg.	N. fater	muoter	Pl.	fatera	muoter
	G. fateres	muoter		fatero	muotero
	D. fatere	muoter		faterum	muoterum
	A. fater	muoter		fatera	muoter

-nt-변화 명사 : friunt : m. Freund

Sg.	N. friunt	Pl.	friunt
	G. friuntes		friunto
	D. friunte		friuntum
	A. friunt		friunt

어근명사 변화 : man : m. Mann, naht : f. Nacht

Sg.	N. man	Pl.	man
	G. man, mannes		manno

---

62 ahd..의 ir-변화는 idg. -es/-os 〉 germ. -iz/-az에서 유래한 것이다.

D. man, manne	mannum/ -un, -om/-on
A. man	man
Sg. N. naht	Pl. naht
G. naht	nahto
D. naht	nahtum/ -un/-on
A. naht	naht

z.B. 2) 약변화

-n-변화 명사 : hano : m. Hahn, herza : n. Herz, zunga : f. Zunge

Sg. N.	hano	herza	zunga
G.	hanen	herzen	zungūn
D.	hanen	herzen	zungūn
A.	hanon	herza	zungūn
Pl. N.	hanon	herzun	zungūn
G.	hanōno	herzōno	zungōno
D.	hanōm	herzōm	zungōm
A.	hanon	herzun	zungūn

(2) 대명사

① 인칭대명사

		1인칭	2인칭	3인칭		
				m.	n.	f.
Sg.	N.	ih	dū	er	iz	siu
	G.	mīn	dīn	sīn[63]	es	ira
	D.	mir	dir	imo	imo	iru
	A.	mih	dih	inan	iz	sia

		1인칭	2인칭	3인칭		
				m.	n.	f.
Pl.	N.	wir	ir	sie	siu	sua
	G.	unsēr	iuwēr	iro	iro	iro
	D.	uns	iu	im	im	im
	A.	unsih	iuwih	sie	siu	sio

② 지시대명사

		m.	n.	f.
Sg.	N.	der	daz	diu
	G.	des	des	dera
	D.	demo	demo	deru
	A.	den	daz	dia

		m.	n.	f.
Pl.	N.	die	diu	dio
	G.	dero	dero	dero
	D.	dēm	dēm	dēm
	A.	die	diu	dio

(3) 형용사

고고지독일어에서는 형용사도 어간후철에 따라 모음변화 및 자음변화를 하지만, 명사처럼 -n-변화를 제외한 모든 변화는 강변화로, -n-변화는 약변화로 양대 변화체계로 재편되었다.

---

63 인칭대명사의 m.Sg.G.는 ahd.에서 본래 ës였으나, 이 어형 대신에 재귀대명사의 m.Sg.G. 어형 sīn으로 대체되었다.

① 강변화

z.B. blint : blind

Sg.		m.	n.	f.
	N.	blint/ -ēr	blint/-az	blint/-iu
	G.	blintes	blintes	blintera
	D.	blintemu/-emo	blintemu/-emo	blinteru
	A.	blintan	blint/-az	blinta

Pl.		m.	n.	f.
	N.	blinte	blintiu	blinto
	G.	blintero	blintero	blintero
	D.	blintēm	blintēm	blintēm
	A.	blinte	blintiu	blinto

② 약변화

z.B. blint : blind

Sg.		m.	n.	f.
	N.	blinto	blinta	blinta
	G.	blinten	blinten	blintūn
	D.	blinten	blinten	blintūn
	A.	blinton	blinta	blintūn

Pl.		m.	n.	f.
	N.	blinton	blintun	blintūn
	G.	blintōno	blintōno	blintōno
	D.	blintōm	blintōm	blintōm
	A.	blinton	blintun	blintūn

(4) 동사

고고지독일어의 동사는 모음교체(Ablaut)에 의하여 변화하는 강변화동사와, 동사의 어간에 후철을 첨가하여 변화하는 약변화동사로 구분된다.

① 강변화동사

Kl. I : Ablautsystem : e/o+i : V^1, V^2, S, S

idg. : ei, oi, i, i

germ. ī, ai, i, i

ahd. ī, ei[64] i, i

grīfan 'greifen', greif, griffum, gigriffan

zīhan 'zeihen', zēh[65], zig[66], gizigan

KL. Ⅱ : Ablautsystem : e/o+u : V^1, V^2, S, S

idg. : eu, ou, u, u

germ. : eu, au, u, u

ahd. iu[67], ou[68], u, o[69]

biogan 'biegen', boug, bugum, gibogan

biotan 'bieten' bōt[70], butum, gibotan

Kl. Ⅲa : Ablautsystem : e/o+NK : V^1, V^2, S, S

idg. : e+m̥,n̥+K, o+m̥,n̥+K, m̥,n̥+K, m̥,n̥+K

germ. : i+NK, a+NK, u+NK, u+NK

ahd. : i+NK, a+NK, u+NK, u+NK

bintan 'binden', bant, buntum, gibuntan

Kl. Ⅲb : Ablautsystem : e/o+LK : V^1, V^2, S, S

---

64 Ⅲ, 2, 1).
65 Ⅲ, 3, 1).
66 Ⅱ. 2, 1), (1), ② : Grammatischer Wechsel : 과거 및 과거분사의 어간이 Schwundstufe이
기 때문이다.
67 Ⅲ, 2, 1).
68 Ⅲ, 2, 1).
69 Ⅲ, 2, 1).
70 Ⅲ, 2, 1).

idg. : e+ḷ,ṛ+K, o+ḷ,ṛ+K, ḷ,ṛ+K, ḷ,ṛ+K

germ. : e+NK, a+NK, u+NK, u+NK

ahd. : e+NK, a+NK, u+NK, o+NK

helfan 'helfen', half, hulfum, giholfan

Kl. Ⅳ : Ablautsystem : e/o+N/L : V¹, V², D¹, S

idg. e+ṃ,ṇ,ḷ,ṛ, o+ṃ,ṇ,ḷ,ṛ, ṃ,ṇ,ḷ,ṛ, ṃ,ṇ,ḷ,ṛ

germ. : e+N/L, a+N/L, ē+N/L, u+N/L

ahd. : e+N/L, a+N/L, ā+N/L, o+N/L

neman 'nehmen', nam, nāmum, ginoman

stelan 'stehlen', stal, stālum, gistolan

Kl. Ⅴ : Ablautsystem : e/o+K : V¹, V², D¹, V¹

idg. : e+K, o+K, ē+K, e+K

germ. : e+K, a+K, ē+K, e+K

ahd. : e+K, a+K, ā+K⁷¹, e+K

geban 'geben', gab, gābum, gigeban

Kl. Ⅵ : Ablautsystem : a/o-ā/ō : V½, D½, D½, V½

idg. : a/o, ā/ō, ā/ō, a/o

germ. : a, ō, ō, a

ahd. : a, uo⁷², uo, a

faran 'fahren', fuor, fuorum, gifaran

Kl. Ⅶ : blautsystem : V½, R, R, V½ ;

V¹, R+V², R+V², V¹

---

71 Ⅲ, 2, 1).

72 Ⅲ, 2, 1).

idg. : V½, R, R, V½ ; V¹, R+ō, R+ō, V¹

germ. : V½, R, R, V½ ; V¹, R+ō, R+ō, V¹

ahd. : V½, ia, ia, V½ ; V½, io, io, V½[73]

heizan 'heißen, hiaz, hiazum, giheizan'

rātan 'raten', riat, riatum, girātan

fallan 'fallen', fial, fialum, gifallan

stōzan 'stoßen', stioz, stiozum, gistōzan

ruofan 'rufen', riof, riofum, giruofan

loufan 'laufen', liof, liofum, giloufan

② 약변화동사

고고지독일어의 약변화동사는 어간후철에 따라 3계열로 구분된다.

a) -jan()en) 동사

부정사에서는 -jan의 -j(i)-가 소멸되었지만, 과거와 과거분사에서는
-j-가 나타난다. -jan 동사는 어간이 단모음+단모음으로 된 단어간 동사
와, 단모음+단자음으로 된 단어간 동사와, 단모음+중자음(혹은 복자음)
이나, 장모음(혹은 복자음)+단자음이나, 다철어간의 동사 등의 장어간 동
사로 구별할 수 있다. 단어간 동사는 부정사에서 -j(i)-가 소멸됨과 동시
에 간모음 a는 e로 변모음하고 어간말의 자음이 중복되어 있고, 과거와
과거분사에서는 -j(i)-가 소멸되는 경우 간모음 a는 그대로 유지되어 있
다.[74]

---

73 ahd.의 강변화 Kl. Ⅶ.동사는 과거형의 간모음이 ia인 동사와, io인 동사로 구분할
수 있다.
74 약변화 -jan 단어간 동사의 부정사의 간모음은 a〉e로 변모음하고 있는 데에 반하여,

z.B. nerien/nerren 'retten', nerita, ginerit

zellen 'erzählen', zalta/zelita, gizalt/gizelit

hōren 'hören', hōrta, gihōrit

mahalen 'geloben', mahalta, gimahalit

b) -ōn 동사

z.B. dankōn 'danken', dankōta, gidankōt

c) -ēn 동사

z.B. habēn 'haben' habēta, gihabēt

③ 기타 동사

강변화 및 약변화동사 이외에 과거현재동사(Präteritopräsentia)와 소수의 불규칙 동사가 있다.

z.B. 1) 과거현재동사 : wizzan 'wissen', eigum 'haben',

tugum 'taugen', unnan 'gönnen',

kunnan 'können', durfan 'dürfen',

giturran 'wagen', scolan 'sollen',

ginah 'im Überfluß haben', magan

'mögen', muoz(z)an 'müssen'

z.B. 2) 불규칙 동사 : tuon 'tun', wesan 'srin', wellen 'wollen'

과거 과거분사에서는 변모음하지 않고 a가 그대로 유지되어 있어서, 이 현상을 J. Grimm은 Rückumlaut라 하였다. 그러나 이 현상은 단어간 동사의 과거 과거분사에서 -i-가 소멸되면서 선행하는 간모음 a를 그대로 유지하게 하였고, 장어간 동사에서는 과거형에서 -i-가 이미 게르만어에서부터 소멸되어 선행 모음을 변모음할 수 없었던 것이다.

※ 동사의 인칭변화

a) 강변화동사

z.B. neman : nehmen

❖ 현재형

⟨Indikativ⟩

Sg.	Pl.
1. nimu	1. nemamēs/-emēs/-ēm/-ēn
2. nimis	2. nemet
3. nimit	3. nemant

⟨Konjuktiv⟩

Sg.	Pl.
1. neme	1. nemēm/-amēs/-emēs/-ēn
2. nemēs	2. nemēt
3. neme	3. nemēn

⟨Imperativ⟩

Sg.	Pl.
1. (neme)	1. nemamēs/-emēs/-ēm
2. nim	2. nemet/-at

⟨Partizip Präsens⟩

nemanti/-enti

❖ 과거형

⟨Indikativ⟩   ⟨Konjuktiv⟩

Sg.   Pl.   Sg.   Pl.

1. nam   1. nāmum   1. nāmi   1. nāmīm

2. nāmi   2. nāmut   2. nāmis   2. nāmīt

3. nam   3. nāmun   3. nāmi   3. nāmīn

⟨Partizip Perfekt⟩

ginoman

b) 약변화동사

z.B. Kl. I : nerren 'nerren', Kl. II : salbōn 'salben',

    Kl. III : habēn 'haben'

❖ 현재형

⟨Indikativ⟩

Sg. 1. nerru   salbōm   habēm

     2. neris   salbōs   habēs

     3. nerit   salbōt   habēt

Pl. 1. neriemēs/-amēs/-ēn   salbōmēs/-ōn   habēmēs/-ēn

     2. neriet/nerret/-at   salbōt   habēt

     3. nerient/nerrent/-ant salbōnt   habēnt

⟨Konjuktiv⟩

Sg. 1. nerie/nerre   salbōn   habe/-ēe

     2. neriēs(t)/   salbōs(t)   habēs(t)

     3. nerie/nerre   salbo/-ōe   habe/-ē

Pl. 1. neriēm/-amēs/-ēn   salbōm/etc.   habēm/etc.

    2. neriēt   salbōt   habēt

    3. neriēn   salbōn   habēn

⟨Imperativ⟩

Sg. 2. neri   salbo   habe

Pl. 1. neriemēs/-amēs/-ēn salbōmēs/-ōēn   habēmēs/-ēn/-ēēn

    2. neriet/nerret/-at   salbōt habēt

⟨Partizip Präsens⟩

    nerienti/nerrenti/-anti salbōnti   habēnti

❖ 과거형

⟨Indikativ⟩

Sg. 1. nerita   salbōta   habēta

    2. neritōs(t)   salbōtōs(t)   habētōs(t)

    3. nerita   salbōta   habēta

Pl. 1. neritum/-un/-umēs/-ōm   salbōtum/etc.   habētum/etc.

    2. neritut/-ōt   salbōtut/-ōt   habētut/-ōt

    3. neritun/-ōn   salbōtut/-ōn   habētut/-ōn

⟨Konjuktiv⟩

Sg.   Pl.

1. neriti   salbōti   habēti   neritīm salbōtīm habētīm

2. neritīs salbōtīs habētīs   neritīt salbōtīt habētīt

3. neriti   salbōti   habēti   neritīn salbōtīn habētīn

⟨Partizip Perfekt⟩

    ginerit   gisalbō   gihabēt

c) 과거현재동사

z.B. Kl. I : wizzan, eigum, Kl. II : tugum, Kl. III : unnan, kunnan, durfan, giturrum, Kl. IV. scolan, ginah, Kl. V. magan, Kl. VI. muozum

Inf.	1,3.Sg.Prs.	2.Sg.Prs.	Pl.Prs.
wizzan	weiz	weist	wizzum
( )	( )	( )	eigun
( )	toug	( )	tugun
unnan	( )	( )	unnun
kunnan	kan	kanst	kunnun
durfan	darf	darft	durfun
( )	gitar	gitarst	giturrun
scolan	scal	scalt	sculun
( )	ginah	( )	( )
magan	mag	maht	magun
( )	muoz	muost	muozun

Kon.Prs.	Part.Prs.	1,3..Prt	Prt.Prt.
wizzi	wizzanti	wissa	giwizzan
eigi	( )	( )	( )
( )	toganti	tohta	( )
unni	( )	onda	( )
kunni	kunnanti	konda	( )
durfi	( )	dorfta	( )
gituuri	( )	gitorsta	gitorran
sculi	scolanti	scolta	( )
( )	( )	( )	( )
megi	maganti	mahta	( )
muozi	( )	muosa	( )

d) 불규칙동사

z.B. tuon, wesan, wellen

❖ 현재형

⟨Infinitiv⟩ : tuon, wesan, wellen

	⟨Ind.⟩	⟨Kon.⟩	⟨Ind.⟩	⟨Kon.⟩	⟨Ind.⟩	⟨Kon.⟩
Sg. 1.	tuon	tuo	bim	sī	willu	welle
2.	tuos	tuēs	bist	sīst	wili	wellēs
3.	tuot	tuo	ist	sī	wili	welle
Pl. 1.	tuomēs	tuon	birum	sīm	wellemēs	wellēm
2.	tuot	tuot	birut	sīt	wellet	wellēt
3.	tuont	tuon	sint	sīn	wellent	wellēn

⟨Imperativ⟩

Sg.	2. tuo	2. wis	( )
Pl. 1. tuomēs	2.tuot	2. weset	( )

⟨Partizip Präsens⟩

tuonti   wesanti   wellenti

❖ 과거형

	⟨Ind.⟩	⟨Kon.⟩	⟨Ind.⟩	⟨Kon.⟩	⟨Ind.⟩	⟨Kon.⟩
Sg. 1.	teta	tāti	was	wāri	wolta	wolti
2.	tāti	tātīs	wāri	wārīs	woltas	woltīs
3.	teta	tāti	was	wāri	wolta	wolti
Pl. 1.	tātum	tātīm	wārum	wārīm	woltum	woltīm
2.	tātut	tātīt	wārut	wārīt	woltut	woltīt

3. tātun   tātīn   wārun   wārīn   woltun   woltīn

〈Partizip Perfekt〉

gitān   (   )   (   )

4. 조어론

고고지독일어 시대에 이르러 새로운 개념을 표현하기 위한 다양한 수
단이 나타났다.

1) -heit, -scaf(t), -tuom, -nissī, -unga, -ōt(i), -ī, -āri 등의 후철을 첨가
   한 추상명사가 생겨났다.
   z.B. wīsheit 'Weisheit', lantscaf(t) 'Landschaft', wīstuom 'Weisheit', fin-
   starnissī 'Finsternis', heilunga 'Heilung', einōti 'Einöde', liubī 'Liebe',
   skephāri 'Schöpfer'

2) 많은 복합어가 생겨났다.
   z.B. gastūs 'Herberge', nahtscato 'nächtlicher Schatten'

3) 라틴어 문헌의 번역으로 인하여 다수의 라틴어 어휘가 고고지독일
   어로 번역되었다.
   z.B. lat. conscentia 〉 giwizzanī 'Gewissen'
   lat. misericors 〉 arm(a)herzi 'barmherzig'
   lat. confessio 〉 bijiht 'Beichte'
   lat. Compater 〉 gifatero 'Gevatter'

St. Gallen의 Notker der Deutsche(952~1022)는 고고지독일어의 많은 철학용어를 창출해내었으나, 그 대부분이 후세에 다시 라틴어 어휘로 되돌아가게 되었다. 라틴어는 문장에 있어서도 고고지독일어에 다양한 영향을 끼쳤으며, 이 시대에 라틴어의 영향으로 부문장이 처음으로 쓰이기 시작하였다. 시에 있어서도 9세기 후반부터는 게르만어의 두운(頭韻 : Stabreim) 대신에 라틴어의 영향으로 Otfrid의 Evangelienharmonie에서 각운(脚韻 : Endreim)이 도입되게 되었다.

4) 고고지독일어 시대에 다양한 경로를 통하여 기독교와 관련된 어휘가 많이 들어왔으며, 그 대부분이 오늘날에도 통용되고 있다.

z.B. Abt, Almosen, Altar, Bezirk, Bischof, Brief, Bulle, Butter, Chor, Engel, Glocke, Griffe, Heiland, Hostie, Kachel, Kanzlei, Kapelle, Kirche, Klause, Kloster, Kreuz, Krone, laben, Lattich, Lavendel, Lettner, Lilie, Linie, Majestät, Mantel, Marter, Matte, Meister, Messe, Münster, murmeln, Nonne, Orden, Orgel, Pappel, Paradies, Perle, Petersilie, Pfaffe, Pfingsten, Pilger, Portal, Prälat predigen, Rose, Samstag, Salbei, schreiben, Schule, segnen, Seide, Silbe, Spital, Tafel, Teppich, Teufel, Titel, Ulm, Veilchen, Vesper, Vogt, Zelle, Zwiebel

5. 고고지독일어 문헌

Frank왕국은 Merowing왕조 시대에도 국가를 지탱해 나갈 수 있었던 세력의 한 축이 기독교였으므로, 이미 Merowing왕조의 말기에 Anglo-Saxen계의 선교사 Bonifatius(672/673~754)가 Frank왕국에서 대대적으로 선교 활동을 하기도 하였으나, Karoling왕조에 이르러 Karl 대제가 영토를 크게 확장한 이후 Frank왕국은 광대한 영토 내의 여러 다양한 종족들을 통치하기 위하여서는 서 유럽 세계의 공통의 정신인 기독교에 대한 필요성을 더욱 절감하게 되었고, 한편 교황청은 자신들의 안전을 보장해 줄 수 있는 정치적인 배후세력의 필요로 Frank왕국과 제휴하게 되었다. 이에 교황은 Karl 대제에게 서 로마 황제의 관을 씌워 주었던 것이다.

한편 13세기 중엽에 동 Frank왕국의 시대에 이르러, Karoling 왕가의 대가 끊어져서 대 제후들이 왕을 선거로 뽑게 되자, 교황 요한네스 12세가 왕에게 신성로마 황제의 칭호를 내려주었던 것이다. 15세기 중엽 이후로는 오스트리아의 합스부르크 왕가가 제위를 세습하면서, 다른 유럽의 나라들이 왕권을 강화하며 국주국가를 형성해가는 것과는 달리, 독일에서는 비스마르크가 독일을 통일하기 이전에는 약 300여 개의 지방 주군이 난립하고 있었던 것이다.

한편 Karl 대제는 게르만 민족의 문헌을 수집하도록 하는 등의 문화사업에도 많은 노력을 기울였지만, 그의 아들 Lidwig der Fromme 왕은 비기독교적인 문헌을 모두 불태워버림에 따라 오늘날에는 당시의 문헌으로서 남아 있는 것이 많지 않다.

6. 결론

게르만 민족의 대이동 기간에 건국되었던 Frank왕국은 다른 게르만족의 국가들과는 달리 유럽의 역사를 계승하게 되었으며, 이 Frank왕국의 시대에 고고지독일어의 시대가 점차적으로 시작되었다. 고고지독일어의 문헌은 주로 8세 이후에 나타나므로, 고고지독일어의 시기는 일반적으로 8세기 중엽부터라고 본다. 고고지독일어는 문어로서 조차도 하나의 통일된 언어가 아니고, 여러 방언의 집합체로 구성되어 있는 언어였던 것이다.

게르만어에 비하여 고고지독일어에 나타난 언어갱신 현상으로는 다음과 같은 사실을 들 수 있다.

1) 제2차 자음추이
2) i-Umlaut
3) 기타 자음 및 모음의 변천
4) 보다 분석적인 언어 표현
5) 신조어 및 차용어의 증가
6) 어휘 구문 문체 등의 전반에 걸친 라틴어의 영향

고고지독일어의 문헌은 국가의 정치적인 필요성으로 인하여 주로 기독교 문헌을 남겼고, 이러한 문헌의 담당자는 주로 수도승들이었던 것이다.

Ⅳ. 중고지독일어(Mittelhochdeutsch)

1. 서설

11세기에 이르러서는 독일뿐만 아니라, 서 유럽 전체의 역사에 일대 전기가 마련되었던 것이다. 그것은 곧 수 세기에 걸쳐 진행되어 왔던 봉건제도가 완성된 것이다. 이에 따라 기사계급이 사회의 주도적인 계급으로 등장하게 되었으며, 이들은 고고지독일어 시대의 수도승들을 대신하여 각 제후들의 궁정을 중심으로 하여 연가(Minnesang)나 영웅서사시(Heldenepos) 등의 세속적인 문학작품을 썼던 것이다. 중고지독일어는 이들 기사들의 문어였으며, 그 운명 역시 기사들과 함께 한 것이다. 따라서 십자군 원정 이후 동방과의 교역의 길이 트이고 새로운 문물이 유럽에 전해지고, 중세의 농업경제로부터 경제체제가 바뀌면서, 기사계급도 몰락하게 됨에 따라 중고지독일어 시대도 마감하게 되었던 것이다.

당시의 구어는 각 지방에 따라 방언의 차이가 존재하였으나, 중고지독일어가 문어로서는 하나의 통일된 언어였었다.

독일어의 언어권이 서쪽으로는 서 Frank왕국이 로만화함에 따라 중고지독일어 시대에는 이미 거의 확정된 반면에, 동부 및 동남부로는 계속 확장되어 나갔으며, 9~11세기에 걸쳐 동남부로는 금일의 Österreich와 헝가리의 국경지역으로까지 확장되었고, 동쪽으로는 10~14세기에 이르기까지 계속 확장되었다.

2. 음운론

1) 자모(字母)

중고지독일어의 자모는 26문자로 되어 있다.

a, b, c, d, e, f, g, h, i, k, l, m, n, o, p, q, r, s, t, u, v, w, x, y, z

이중에서 j와 w는 반모음이고, y는 자음 혹은 모음으로 사용되고, z는 발음에 따라 z 혹은 ʒ로 적는다.[75]

(1) 단모음 : a, e, i, o, u

(2) 장모음[76] : : â, ê, î, ô, û

(3) 복모음 : ei, ie, ou, uo

(4) 변모음 : ä, ö, ü, æ, œ, iu, öu, üe

---

[75] z[ts], ʒ[s].
[76] mhd.에서 장모음은 모음 철자 위에 Zirkumflex를 부기하여 표현한다.

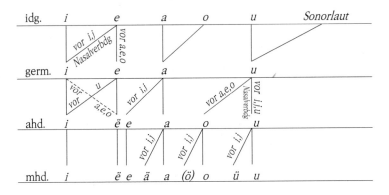

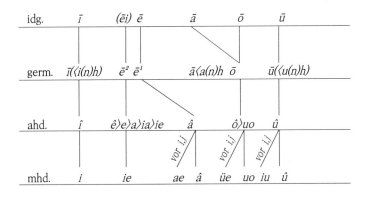

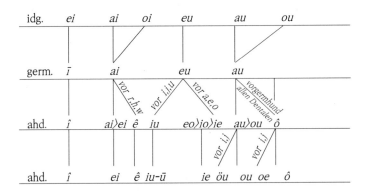

2) i-Umlaut

고고지독일어서도 단모음 a는 변모음 하였으나, 중고지독일어 시대에 이르러서는 고고지독일어에서 변모음하지 않았던 단모음 a 및 기타 변모음이 가능한 모든 모음이 변모음 하였다.

(1) 단모음의 변모음 : a 〉ä, o 〉ö, u 〉ü
(2) 장모음의 변모음 : â 〉æ, ô 〉œ, û 〉iu
(3) 복모음의 변모음 : ou 〉öu, uo 〉üe

z.B. ahd. 〉mhd.

nahti 〉nächte 'Nächte'
mohti 〉möchte 'möchte'
wurfil 〉würfel 'Würfel'
gibārida 〉gebærde 'Gebärde'
scōni 〉schœne 'schön'
hūsir 〉hiuser 'Häuser'
frouwen 〉vröuwen 'freuen'
guoti 〉güete 'Güte'

i-Umlaut 현상은 8세기에 고고지독일어에서 단모음 a 에서부터 발생하기 시작하여, 변모음이 가능한 모든 모음에 계속 발생한 현상이지만, 중고지독일어 시대에 이르러 i, j를 비롯한 강세가 없는 음절의 모든 모음이 e로 약화되면서, 그 조음 에네르기가 선행 음절에 영향을 끼치면서 문자상으로 변모음 표기가 나타난 것이다.

i-Umlaut는 북부지방의 방언에서 발생하여 점차로 남부지방의 방언으

로 파급되었으며, 남쪽으로 올수록 그 세력이 약화되어 남부지방의 지명
이나 어휘에는 변모음이 발생하지 아니한 현상도 나타나고 있는 것이다.

z.B. Osnabrück, Innsbruck, Rucksack

3) 비 강세 모음의 약화 및 소멸

(1) 고고지독일어에서는 강세가 없는 음절의 모음도 a, e, i, o, u 등의
완전모음으로 나타났었으나, 중고지독일어 시대에 이르러서는 강세가
없는 음절의 모음은 e[ə]로 약화되었다.

z.B. ahd. 〉 mhd.

nimu 〉 nime '(ich) nehme'

stīgan 〉 stîgen 'steigen'

salbōn 〉 salben 'salben'

lengiro 〉 lenger(e) 'länger'

lengisto 〉 lengest(e) 'längst'

그러나 부강세가 있는 어미의 모음은 e로 약화되지 않았다 : -ære,
-haft, -inne, -în, -lîn, -lich, -nisse, -sal, -unge

z.B. mhd. vischære 'Fischer'

samenunge 'Versammlung'

küniginne 'Königin'

wâfhaft 'Wahrheit'

magedîn 'Mägdlein'

töhterlîn 'Töchterlein'

vrœlich 'fröhlich'

vinsternisse 'Finsternis'

râtsal 'Rätsel'

모음뿐만 아니라 자음도 약화되었다 : ahd. 〉 mhd.

    z.B. ahd. tagum 〉 mhd. tagen : (den) Tagen

        ahd. hulfum 〉 mhd. hulfen : (wir) halfen

(2) 비강세 모음 e는 단어 내의 어중음이 소멸되거나(Synkope), 어말음
이 소멸된다(Apokope).

    z.B. mhd. gnôʒ (〈 genôʒ) : Genosse

        glücke (〈 gelücke) : Glück

        blîben (〈 belîben) : bleibn

        vliesen (〈 verliesen) : verlieren

        steln (〈 stelen) : stehlen

        nern (〈 neren) : nähren

        unt (〈 unde) : und

        ap (〈 abe) : ab

        im (〈 ime) : ihm

그러나 강세 모음이 장모음이거나 복모음인 경우에는 e가 소멸되지
않았다.

    z.B. mhd. teilest : (du) teilst

        hœrest : (du) hörst

모음뿐만 아니라 자음의 경우도, 고고지독일어에서의 l, r, n, w 앞의
h 및 w는 중고지독일어에서 소멸되었다.

    z.B. ahd. 〉 mhd.

        wlits 〉 antlitze 'Antlits'

        wringan 〉 ringen 'ringen'

hnīgan 〉 nîgen 'neigen'

hwer 〉 wer 'wer'

4) 자음 및 모음의 동화

중고지독일어에서는 어느 자음이 인접한 자음과 동일한 자음으로, 혹
은 유사한 자음으로 광범위하게 동화되는 현상이 나타났다.

(1) 순음 앞에서 : n 〉 m

z.B. mhd. 〉 nhd.

umprîs (《 unprîs) : Unehre

ambôȝ (《 ambôȝ) : Amboß

ummære (《 unmær) : unlieb

(2) 전철 : ent- 〉 em-, en-

z.B. mhd. 〉 nhd.

empfehlhen (《 emphellen 〈 entvelhen) : empfehlen

enkleiden (《 entkleiden) : entkleiden

(3) -mt, -nt, -lt, -rt 〉 -md, -nd, -ld, -rd

z.B. mhd. 〉 nhd.

binden (《 ahd. bintan) : binden

rûnde (《 rûmen) : räumte

solde (《 mhd. solte) : sollte

swerdes (《 mhd. swertes) : Schwertes

(4) -tl, -dl, -nl 〉 -ll, -l

 z.B. mhd. 〉 nhd.

  guollîche (〈 mhd. guotlîche) : gütig, freundlich

  Ulrich(인명) (〈 Ullrich 〈 Uod(e)lrich 〈 Uodalrich

  mhd. : eilf (〈 eil(l)if 〈 einlif) : elf

(5) -ft-, -mft- 〉 -cht-, -nft-

 z.B. mhd. niftel : nhd. Nichte

  mhd. zunft (〈 zumft) : Zunft

(6) l, m, n, w, t, p 앞의 s 및 r 다음의 s는 13세기에 [ʃ]음으로 바뀌었다. 그러나 이 경우에 신고지독일어에서 p와 t 앞에서는 s로만 표기한다.

 z.B. mhd. 〉 spätmhd.

  slange 〉 schlange 'Schlange'

  smal 〉 schmal 'schmal'

  snê 〉 schnê 'Schnee'

  swingen 〉 schwingen 'schwingen'

  sprechen 〉 sprechen 'sprechen'

  stechen 〉 stechen 'stechen'

  kirse 〉 kirsche 'Kirsche'

(7) 고고지독일어의 sk는 11세기에 이르러 sch로 바뀌었다.

 z.B. ahd. 〉 mhd.

  scōni 〉 schœne 'schön'

  waskan 〉 waschen 'waschen'

5) 자음경화

신고지독일어에서 b, d, g가 어말음에서 철자는 그대로 적고 있지만, 그 발음은 [p, t, k]로 경화된다. 그러나 중고지독일어에서는 b, d, g, v, h가 어마에서서나, 무성음 앞에서는 [p, t, k, f, x]로 경화되면서 그 철자를 p, t, c(ch), f, k(ch)로 적는다.

z.B. mhd. 〉 nhd.

lop 〉 Lob

friunt 〉 Freund

tac 〉 Tag

hof 〉 Hof

sach 〉 (ich, er) sah

gloupte 〉 glaubte

zeicte 〉 zeigte

6) 강세

인도유럽어의 자유강세(freier Akzent)가 게르만어에서 어두강세(Anfangs-betonung)로 바뀌면서, 게르만어에서는 단어의 어간에서만이 아니라, 복합어의 전철에서까지도 강세가 주어졌다.

z.B. got. 〉 ándawaúrdi 〉 ahd. ántwurti 〉 mhd. ántwort

nhd. Antwort

ahd. úrteil(i) 〉 mhd. úrteil(e) 〉 nhd. Úrteil

신고지독일어에서는 첫 음절에 강세가 없는 단어들도 중고지독일어에는, 게르만어에서 나타나기 시작한 어두강세가 대체로 유지되고 있다.

z.B. mhd. 〉 nhd.

　　fórhe(l) : Forélle

　　hólunder : Holúnder

　　lébendic : lebéndig

　　wécholter : Wachólder

그러나 동사의 비분리전철은 어두강세가 확립된 이후에 생겨났기 때문에 신고지독일어에서와 마찬가지로 강세가 없는 것이다.

z.B. mhd. begínnen, erlében, gelóuben, verlíesen usw.

3. 어형론

1) 명사

중고지독일어의 명사도 어간후철이 모음인 경우, -a-, -ja-,-wa-, -ô-, -jô-, -wô-, -i-, -u-변화로, 어간후철이 자음인 경우, -n-, -r-, -ter-, -nt-변화로, 어간후철이 없이 어근에 바로 어미가 첨가 되는 어근명사변화 등으로 구분할 수 있지만, 중고지독일어에서는 어말의 모음이 e[ə]로 약화되었기 때문에 모든 명사변화에서 어간 후철을 식별하기는 불가능한 상태이다. 따라서 중고지독일어에서는 -n-변화를 약변화로, 기타 모든 변화를 강변화로 구분하는 것이 합리적이다.

(1) 남성 및 중성의 강변화

※ 변화어미

Sg.	N.	——			
	G.	——es.(wes)			
	D.	——e.we)			
	A.	——			
Pl.	N.	——e(we)	——, ——, ——er		
	G.	——e(we)	——e, ——we, ——er(e)		
	D.	——e(wen)	——en, ——wen, ——er(e)n		
	A.	——e(we)	——, ——, ——er		

z.B. tac : m. Tag, jeger(e) : m. Jäger, sê : m. See,

gast : m. Gast, vater : m. Vater

wort : n. Wort, künne : n. Verwandtschaft,

knie : n. lamp : n. Lamm

		m.				
		a-St.	ja-St.	wa-St.	i-St.	ter-St.
Sg.	N.	tac	jeger(e)	sê	gast	vater
	G.	tages	jeger(e)s	sêwes	gastes	vater(es)
	D.	tage	jeger(e)	sêwe	gaste	vater(e)
	A.	tac	jeger(e)	sê	gast	vater
Pl.	N.	tage	jeger(e)	sêwe	gaste	vater(e)
	G.	tage	jeger(e)	sêwe	gaste	vater(e)
	D.	tagen	jeger(e)n	sêwen	gasten	vater(e)n
	A.	tage	jeger(e)	sêwe	gaste	vater(e)

			n.		
		a-St.	ja-St.	wa-St.	r-St.
Sg.	N.	wort	künne	knie	lamp
	G.	wortes	künnes	knie(we)s	lambes
	D.	worte	künne	knie(e)	lambe
	A.	wort	künne	knie	lamp
Pl.	N.	wort	künne	knie	lember
	G.	worte	künne	knie(we)	lember(e)
	D.	worten	künnen	knie(we)n	lember(e)n
	A.	wort	künne	knie	lember

(2) 여성의 강변화

※ 변화어미

Sg.				Pl.			
	N.	——, ——			N.	——, ——e	
	G.	——e, ——			G.	——n, ——e	
	D.	——e, ——e			D.	——n, ——en	
	A.	——, ——			A.	——, ——e	

z.B. gebe : f. Gabe, veder(e) : f. Feder, sünde : f. Sünde

kraft : f. Kraft, muoter : f. Mutter

		-ô-St.		-jô-St.	i-St.	ter-St.
Sg.	N.	gebe	veder(e)	sünde	kraft	muoter
	G.	gebe	veder(e)	sünde	krafte, kraft	muoter
	D.	gebe	veder(e)	sünde	krafte, kraft	muoter
	A.	gebe	veder(e)	sünde	kraft	muoter
Pl.	N.	gebe	veder(e)	sünde	krefte	müeter
	G.	geben	veder(e)n	sünden	krefte	müeter
	D.	geben	veder(e)n	sünden	kreften	müeter(e)n
	A.	gebe	veder(e)	sünde	krefte	müeter

(3) 약변화

※ 변화어미

남성 여성의 약변화 명사는 단수 주격을 제외한 모든 격에 어미 n이 첨가되고, 중성의 약변화 명사는 단수 대격에도 단수 주격의 경우처럼 어미가 첨가되지 않는다.

m, f							
Sg.	N.	——	Pl.		N.	——(e)n
	G.	——(e)n			G.	——(e)n
	D.	——(e)n			D.	——(e)n
	A.	——			A.	——(e)n

n.							
Sg.	N.	——	Pl.		N.	——(e)n
	G.	——(e)n			G.	——(e)n
	D.	——(e)n			D.	——(e)n
	A.	——			A.	——(e)n

z.B. bote : m. Bote, ar : m. Adler, herze : n. Herz

Sg.					Pl.				
	N.	bote	ar	herze	zunge	N.	boten	arn	herzen	zungen
	G.	boten	arn	herzen	zungen	G.	boten	arn	herzen	zungen
	D.	boten	arn	herzen	zungen	D.	boten	arn	herzen	zungen
	A.	boten	arn	herze	zungen	A.	boten	arn	herzen	zungen

2) 대명사

(1) 인칭대명사[77]

		1인칭	2인칭	3인칭		
Sg.	N.	ich	dû, du	er	eʒ	siu, sî
	G.	mîn	dîn	(es), sîn	es	ire, ir
	D.	mir	dir	ime, im	ime, im	ire, ir
	A.	mich	dich	(inen), in	eʒ	sie, sî

		1인칭	2인칭	3인칭		
Pl.	N.	wir	ir	sie	siu	sie
	G.	unser	iuwer	ire, ir	ire, ir	ire, ir
	D.	uns	iu	in	in	in
	A.	(unsich), uns	iuch	sie	siu	sie

(2) 정관사[78]

		m.	n.[79]	f.			m.	n.	f.
Sg.	N.	der	daʒ	diu	Pl.	N.	die	diu	die
	G.	des	des	der(e)		G.	der(e)	der(e)	der(e)
	D.	dem(e)	dem(e)	der(e)		D.	den	den	den
	A.	den	daʒ	die		A.	die	diu	die

---

77 (1) 3인칭 단수의 sîn은 재귀대명사에서 유래한 어형이고, 인칭대명사의 G.는 소유대명
사로 쓰며, ir는 무어미로 쓰고, 기타의 소유대명사는 형용사 강변화를 한다.
(2) 3인칭 단수 복수 A.에만 재귀대명사로 sich가 존재하고, 기타의 재귀대명사는 인칭
대명사가 대신한다.
78 der는 지시대명사와 관계대명사로도 쓰이며, 그 변화는 정관사의 경우와 동일하다.
79 중성 단수에는 구격(I)의 어형도 존재한다 : diu.

3) 형용사

형용사변화에는 강변화와 약변화가 존재하고, 혼합변화는 존재하지 않는다.

(1) 강변화

z.B. blint : blind

		m.	n.	f.
Sg.	N.	blint, blinder	blint, blindeʒ	blint, blindiu
	G.	blindes	blindes	blinder(e)
	D.	blindem(e)	blindem(e)	blinder(e)
	A.	blinden	blint, blindeʒ	blinde

		m.	n.	f.
Pl.	N.	blinde	blindiu	blinde
	G.	blinder(e)	blinder(e)	blinder(e)
	D.	blinden	blinden	blinden
	A.	blinde	blindiu	blinde

(2) 약변화

		m.	n.	f.			m.	n.	f.
Sg.	N.	blinde	blinde	blinde	Pl.	N.	blinden	blinden	blinden
	G.	blindes	blinden	blinden		G.	blinden	blinden	blinden
	D.	blinden	blinden	blinden		D.	blinden	blinden	blinden
	A.	blinden	blinde	blinde		A.	blinden	blinden	blinden

(3) 비교변화

중고지독일어에서도 형용사의 비교변화는 신고지독일어에서와 마찬가지로 원급에 -er(e)와 -est(e)를 첨가하여 비교급과 최상급의 어형을 만든다.

z.B. junc 'jung', jünger(e), jüng(e)ste

그러나 guot 'gut', übel 'übel, schlecht', michel 'viel', lützel 'wenig'는 비교급과 최상급이 원급과는 다른 어간으로부터 구성되기 때문에 불규칙적으로 비교변화를 하는 것이다.

z.B. guot, beʒʒer(e), beʒʒeste/beste,

übel, wirser(e), wirsest(e)/wirste

lützel, minner(e)/minre, minn(e)ste/minste

michel, mêr(e), meist(e)

(4) 부정관사[80]

	m.	n.	f.
N.	ein, einer	ein, eineʒ	ein, einiu
G.	eines	eines	einer(e)
D.	einem(e)	einem(e)	einer(e)
A.	einen	ein, eineʒ	eine

---

80 (1) 부정관사는 수사 1에서 유래하였으며, 수사 1은 형용사 강변화를 하지만, 정관사나 대명사 뒤에서는 약변화를 한다.
(2) 수사 2와 3도 성, 수, 격에 따라 변화한다.

	m.	n.	f.
N.	zwêne	zwei	zwô, zwuo, zwâ
G.	zweier	zweier	zweier
D.	zwein, zweien	zwein, zweien	zwein, zweien
A.	zwêne	zwei	zwô, zwuo, zwâ

	m.	n.	f.
N.	drî, drîe	driu	drî, drîe
G.	drîer	drîer	drîer
D.	drin, drî(e)n	drin, drî(e)n	drin, drî(e)n
A.	drî, drîe	driu	drî, drîe

4) 동사

중고지독일어에서 동사는 신고지독일어에서와 마찬가지로 강변화와 약변화와 소수의 불규칙동사로 구분된다. 강변화동사는 간모음이 교체되는 동사로서 어간의 구성에 따라 7계열로 구분되며, I - V 계열은 간모음이 e/o로 교체되는 동사이고, Ⅵ 계열은 a/o로 교체되는 동사이고, Ⅶ 계열은 본래 반복동사였던 것이다. 약변화동사는 어간에 치음후철이 첨가되는 동사이고, 불규칙동사로는 본래 강변화동사나 약변화동사였거나, 아니면 다른 문법적인 근거에서 유래한 동사이다. 그러나 중고지독일어에는 소위 혼합변화 동사라는 동사군은 따로 존재하지 않는다. 동사의 변화는 신고지독일어에서와 동일한 화법, 태, 시칭, 인칭에 따라 표현된다.

(1) 강변화동사

Kl. I . : Ablautsystem : e/o+i : V^1, V^2, S, S

idg. : ei, oi, i, i

germ. ī, ai, i, i

ahd. ī, ei i, i

mhd. : î, ei/ê, i, i

grīfen 'greifen', greif, griffem, gegriffen

dīhan 'gedeihen', dêch[81], digen[82], gedigen

---

81 Ⅲ, 2, 1) : Ⅲ, 3), (4) : 단모음화 현상.
82 Ⅱ. 2, 1), (1), ② : 문법적 교체.

KL. Ⅱ : Ablautsystem : e/o+u : V¹, V², S, S

idg. : eu, ou, u, u

germ. : eu, au, u, u

ahd. iu, ou, u, o

mhd. : ie/iu, ou/ô[83],

biegen 'biegen', bouc, bugen, gebogen

bieten 'bieten' bôt, buten, geboten

Kl. Ⅲa : Ablautsystem : e/o+NK : V¹, V², S, S

idg. : e+m̩,n̩+K, o+m̩,n̩+K, m̩,n̩+K, m̩,n̩+K

germ. : i+NK, a+NK, u+NK, u+NK

ahd. : i+NK, a+NK, u+NK, u+NK

mhd. : i+NK, a+NK, u+NK, u+NK

binden 'binden', bant, bunden, gebunden

Kl. Ⅲb : Ablautsystem : e/o+LK : V¹, V², S, S

idg. : e+l̩,r̩+K, o+l̩,r̩+K, l̩,r̩+K, l̩,r̩+K

germ. : e+NK, a+NK, u+NK, u+NK

ahd. : e+NK, a+NK, u+NK, o+NK

mhd. : e+NK, a+NK, u+NK, o+NK

helfen 'helfen', half, hulfem, geholfen

Kl. Ⅳ : Ablautsystem : e/o+N/L : V¹, V², D¹, S

idg.e+m̩,n̩,l̩,r̩, o+m̩,n̩,l̩,r̩, m̩,n̩,l̩,r̩, m̩,n̩,l̩,r̩

germ. : e+N/L, a+N/L, ē+N/L, u+N/L

ahd. : e+N/L, a+N/L, ā+N/L, o+N/L

---

83 Vgl. 79).

mhd. : e+N/L, a+N/L, â+N/L, o+N/L

nemen 'nehmen', nam, nâmem, genomen

steln 'stehlen', stal, stâlem, gistoln

Kl. V : Ablautsystem : e/o+K : V^1, V^2, D^1, V^1

idg. : e+K, o+K, ē+K, e+K

germ. : e+K, a+K, ē+K, e+K

ahd. : e+K, a+K, ā+K, e+K

mhd. : e/i+K, a+K, â+K, e+K

geben 'geben', gap, gâben, gegeben

Kl. VI : Ablautsystem : a/o-ā/ō : V½, D½, D½, V½

idg. : a/o, ā/ō, ā/ō, a/o

germ. : a, ō, ō, a

ahd. : a, uo, uo, a

mhd. : a, uo, uo, a

varn 'fahren', vuor, vuoren, gevarn

Kl. VII : blautsystem : V½, R, R, V½ ;

V^1, $R+V^2$, $R+V^2$, V^1

idg. : V½, R, R, V½ ; V^1, R+ō, R+ō, V^1

germ. : V½, R, R, V½ ; V^1, R+ō, R+ō, V^1

ahd. : V½, ia, ia, V½ ; V½, io, io, V½

mhd. a/â/ei, ie, ie, a/â/ei;

ou/ô/uo, ie, ie, ou/ô/uo

halten 'halten', hielt, hielten, gehalten

loufen 'laufen', lief, liefen, geloufen

(2) 약변화동사

중고지독일어의 약변화동사도 어간후철에 따라 -jan동사, -ô동사, -ên 동사로 분류하지만, 중고지독일어에서는 강세가 없는 모음이 e[ə]로 약화되었기 때문에 더 이상 어간후철에 따라 어느 군에 속하는 동사인지 구별할 수 없게 되어 있다. 중고지독일어에서 동사의 부정사는 모두 -en 으로 끝나므로, -jan동사 중에서 소위 Rückumlaut하는 장어간(장모음 어간, 복모음 어간, 단모음+복자음/중자음의 어간)의 동사와 그렇지 않은 동사로 구분하는 것이 실용적이다.

> **z.B.** 1) denen 'dehnen', denete, gedenet
>
> zeigen, 'zeigen', zeigete/zeicte, gezeiget/gezeict
>
> leben, 'leben', lebete/lepte, gelebet/gelept
>
> **z.B.** 2) brennen 'brennen', brante, gebrennet/gebrant
>
> küssen 'küssen', kuste/küste, gekust/geküsset
>
> wænen 'vermuten', wânde, gewând/gewænet
>
> hœren 'hören', hôrte, gehôrt/gehœret
>
> grüeʒen 'grüßen', gruoʒte, gegruoʒte/gegrüeʒet
>
> liuten 'läuten', lûte, gelût/geliutet

(3) 과거현재동사

과거현재동사(Präteritopräsentia)는 인도유럽어의 완료형에서 유래한 게르만어의 과거형이 현재의 의미로 사용되고, 과거형은 약변화에 의하여 새로이 만들어진 동사이다. 따라서 과거현재동사의 현재 단수형은 게르만어 동사의 과거 단수형의 경우와 마찬가지로 모음교체를 한다.

Kl. I . : wiʒʒen 'wissen', weiʒ, wissen/wessen/wisten/westen,

gewist/gewest

KL. Ⅱ : tugen/tügen 'taugen', touc, tohten, (   )

Kl. Ⅲ : günnen/gunnen 'gönnen', gan, gunden/gonden,

gegunnen/(ge)gunnet

künnen/kunnen 'können', kan, kunden/konden,

(er)kunnen/(er)kunnet,

dürfen/durfen 'bedürfen', darf, dorften, bedorft,

türren/turren 'wagen', tar, torsten, (   )

Kl. Ⅳ : suln/süln 'sollen', sol, solden/solten

Kl. Ⅴ : mugen/mügen/magen/megen 'vermögen', mac, mahten/

mohten, (   )

Kl. Ⅵ : müeʒen 'müssen', muoʒ, muosen/muosten, (   )

(4) 기타 불규칙동사

① wellen[84]

wellen 'wollen', wil/wile, wolten/wolden, gewellet

gewellt/gewöllet/gewölt

② 어근동사[85]

중고지독일어의 sîn 'sein'과 gân 'gehen'과 stân 'stehen' 동사는 고고지

독일어에서 그 부정사가 각각 wesan, gangan, stantan으로서 강변화동사

---

84 Vgl. 40).
85 Vgl. 39).

였고, tuon 'tun'은 약변화동사였지만, 이들 동사가 중고지독일어에 이르러서는 직설법 현재 1인 칭 단수에서 어근에 직접 어미 -n을 첨가하는 등 인도유럽어의 -mi 동사의 변화를 하고 있고, 기타의 여러 어형은 여전히 강변화 및 약변화의 어형으로 표현되어 있어서 불규칙적인 변화형을 보이고 있다.

sîn, was, wâren, gewesen/gewest/gesîn

gân/gên, gienc/gie, giengen, gegangen/gegân

stân/stên, stuont, stuonden, gestanden/gestân

tuon, tet(e), tâten, getân

③ 축약동사

중고지독일어에서 haben lâȝen은 어근동사 gân/gên과 stân /stên의 영향으로 어중음이 소멸되면서 hân과 lân이라는 축약형이 생겨났다.

hân, hâte/hate, hâten/haten, gehabet/gehapt/gehebet

lân, lie/lieȝ, lien/lieȝen, (ge)lân

※ 동사의 인칭변화

a) 강변화동사

   z.B. Kl. I grîfen 'greifen', Kl. II : biegen 'biegen', Kl. III :
   vinden 'finden', helfen 'helfen', Kl. IV : nemen 'nehmen'
   Kl. V : geben 'geben', Kl. VI : graben 'graben', Kl. VII :
   loufen 'laufen'

❖ 현재형

⟨Indikativ⟩

Sg.

1. grîfe   biuge   vinde   hilfe   nime   gibe   grabe   loufe
2. grîfest   biugest vindest hilfest nimest gibest grebest loufest
3. grîfet   biuget   vindet   hilfet   nimet   gibet   grebet   loufet

Pl.

1. grîfen   biegen   vinden   helfen   nemen   geben   graben   loufen
2. grîfet   bieget   vindet   helfet   nemet   gebet   grabet   loufet
3. grîfent biegent vindent helfent niment gebent grabent loufent

⟨Konjuktiv⟩

Sg.

1. grîfe   biege   vinde   helfe   neme   gebe   grabe   loufe
2. grîfest   biegest vindest helfest nemest gebest grabest loufest
3. grîfe   biege   vinde   helfe   neme   gebe   grabe   loufe

Pl.

1. grîfen   biegen   vinden   helfen   nemen   geben   graben   loufen
2. grîfet   bieget   vindet   helfet   nemet   gebet   grabet   loufet
3. grîfen   biegen   vinden   helfen   nemen   geben   graben   loufen

⟨Imperativ⟩

Sg.

2. grîf   biuc   vinthilf   nim   gip   grap   louf

Pl.

1. grîfen biegen vinden helfen nemen geben graben loufen
2. grîfet bieget vindet helfet nemet gebet grabet loufet

⟨Partizip Präsens⟩

　grîfende biegende vindende helfende nemende gebende grabende loufende

❖ 과거형

⟨Indikativ⟩

Sg.

1. grief bouc vant half nam gap group lief
2. griffe büge fünde hülfe næme gæbe grüebe liefe
3. grief bouc vant half nam gap group lief

Pl.

1. griffen bugen funden hulfen nâmen gâben gruoben liefen
2. griffet buget fundet hulfet nâmet gâbet gruobet liefet
3. griffen bugen funden hulfen nâmen gâben gruoben liefen

⟨Konjuktiv⟩

Sg.

1. griffe büge fünde hülfe næme gæbe grüebe liefe
2. griffest bügest fündest hülfest næmest gæbest grüebest liefest
3. grief büge fünde hülfe næme gæbe grüebe liefe

Pl.

1. griffe bügen fünden hülfen næmen gæben grüeben liefen
2. griffet büget fündet hülfet næmet gæbet grüebet liefet

3. griffen bügen fünden hülfen næmen gæben grüeben liefen

⟨Partizip Perfekt⟩

gegriffen gebogen funden geholfen genomen gegeben gegraben geloufen

b) 약변화동사

z.B. hœren 'hören', zellen 'zählen', nerien 'genesen', salben 'salben'

❖ 현재형

⟨Indikativ⟩

Sg.	1. hœre	zelle	ner	salbe
	2. hœrest	zelst	nerst	salbest
	3. hœret	zelt	nert	salbet
Pl.	1. hœren	zellen	nern	salben
	2. hœret	zellet	nert	salbet
	3. hœrent	zellent	nernt	salbent

⟨Konjuktiv⟩

Sg.	1. hœre	zelle	ner	salbe
	2. hœrest	zellest	nerst	salbest
	3. hœre	zelle	ner	salbe
Pl.	1. hœren	zellen	nern	salben
	2. hœret	zellet	nert	salbet
	3. hœren	zellen	nern	salben

⟨Imperativ⟩

Sg.	2.	hœre	zel	ner	salbe
Pl.	1.	hœren	zellen	nern	salben
	2.	hœret	zellet	nert	salbet

⟨Partizip Präsens⟩

hœrende	zellende	nernde	salbende

❖ 과거형

⟨Indikativ⟩

Sg.	1.	hôrte	zelte, zalte	nerte	salbete
	2.	hôrtest	zeltest, zaltest	nertest	salbetest
	3.	hôrte	zelte, zalte	nerte	salbete
Pl.	1.	hôrten	zelten, zalten	nerten	salbeten
	2.	hôrtet	zeltet, zaltet	nertet	salbetet
	3.	hôrten	zelten, zalten	nerten	salbeten

⟨Konjuktiv⟩

Sg.	1.	hôrte	zelte, zalte	nerte	salbete
	2.	hôrtest	zeltest, zaltest	nertest	salbetest
	3.	hôrte	zelte, zalte	nerte	salbete
Pl.	1.	hôrten	zelten, zalten	nerten	salbeten
	2.	hôrtet	zeltet, zaltet	nertet	salbetet
	3.	hôrten	zelten, zalten	nerten	salbeten

⟨Partizip Perfekt⟩

gehœret   gezelt, gezalt   genert   gesalbet

c) 과거현재동사

z.B. Kl. I : wiȝen 'wissen', Kl. II : tügen, tugen 'taugen',

Kl. III : günnen, gugen 'gönnen', künnen, kunnen 'können',

dürfen, durfen 'bedürfen', türren, turren 'wagen'

Kl. IV : süln, suln 'sollen', Kl. V : mügen, mugen, magen, megen

'mögen', Kl. VI : müeȝen 'müssen'

❖ 현재형

⟨Indikativ⟩

		wiȝȝen	tügen	günnen	künnen	dürfen
Sg.	1.3.	weiȝ	touc	gan	kan	darf
	2.	weist	( )	ganst	kanst	darft
Pl.	1.3.	wiȝȝen	tügen	günnen	künnen	dürfen
	2.	wiȝȝet	tüget	günnet	künnet	dürfet

		türren	süln	mügen	müeȝen
Sg.	1.3.	tar	sol/sal	mac	muoȝ
	2.	tarst	solt	maht	muost
Pl.	1.3.	türren	süln	mügen	müeȝen
	2.	türret	sült	müget	müeȝet

⟨Konjuktiv⟩

Sg. 1.3. wiȝȝe   tüge   günne   künne   dürfe

         türre   sül   müge   müeȝe

Pl. 1.3. wiȝȝen   tügen   günnen   künnen   dürfen

         türren   süln   mügen   müeȝen

❖ 과거형

⟨Indikativ⟩

Sg. 1.3. wisse/ tohte gunde/ kunde/ drfte torste solde/ mahte/ muose

        wesse/   gonde konde   solte mohte muoste

        wiste/

        weste

⟨Konjuktiv⟩

Sg. 1.3. wesse/ töhte günde/ künde/ dörfte törste sölde/ mähte/   müese

        weste   gunde kunde   solte möhte müeste

d) 기타 불규칙동사

z.B. wellen 'wollen', sîn 'sein', tuon 'tun', gên 'gehen', stên 'stehen' hân 'haben', lân 'lassen'

❖ 현재형

⟨Indikativ⟩

        wellen   sîn   tuon

Sg. 1. wil/wile   bin   tuon/tuo

    2. wil/wile/wilt   bist   tuost

3. wil/wile	ist	tout		
Pl. 1. wellen/weln	birn/sîn	tuon		
2. wellet/welt	birt/sîn	tuot		
3. wellen(t)/welnt	sint	tuont		
	gân/gên	stân/stên	hân	lân
Sg. 1. gân/gên	stân/stên	hân	lân/lâ	
2. gâst/gêst	stâst/stêst	hâst	lâst/læst	
3. gât/gêt	stât/stêt	hât	lât/læt	
Pl. 1. gân/gên	stân/stên	hân	lân	
2. gât/gêt	stât/stêt	hât	lât	
3. gânt/gênt	stânt/stênt	hânt	lânt	

〈Konjuktiv〉

Sg. 1.3. welle sî/wese tuo gâ/gê stâ/stê habe/hâ lâ

Pl. 1.3. wellen sîn/wesen tuon gân/gên stân/stên haben/hân lân

〈Imperativ〉

Sg. 2. (　) bis/wis tuo gâ/gê stâ/stê (　) lâ
                                 ganc/genc/ stant
                                 ginc

Pl. 1. (　) (　) tuon (　) (　) (　)(　)

2. (　) sît/weset tuot gât/gêt stât/stêt (　) lât

〈Partizip Präsens〉

wellende wesende/sînde tuonde gânde/gênde stânde/stênde (　)(　)

❖ 과거형

⟨Indikativ⟩

Sg. 1.3. wolte/wolde   was   tet(e)

    1.3. gienc/gie stuont   hâte/hate   lie/lieʒ

    2.   woltest/woldest   wære   tæte

    2.   gienge   stüende   hâtest/hatest liest/lieʒet

Pl. 1.3. wolten/wolden   wâren   tâten

    1.3. giengen   stuonden   hâten/haten lien/lieʒen

    2.   woltet/woldet   wâret   tâtet

    2.   gienget   stuondet   hâtet/hatet   liet/lieʒet

⟨Konjuktiv⟩

Sg. 1.3. wölte/wölde wære tæte gienge stüende hæte lieʒe

4. 조어론

중세 전성기의 중고지독일어에서는 기사들의 이상이나 생활습관이나
축제에 관한 많은 어휘를 볼 수 있다.

z.B. hôch(ge)zît 'hohes kirchliches oder weltliches Fest', hövesch
     'hofgemäß', mâze 'sittliche Mäßigung', milte 'Freundlichkeit',
     minne 'freundliches Gedenken, Liebe', riuwe 'Reue, Mitleid',
     sælde 'Glück', stæte 'Beständigkeit', triuwe 'Treue', tugent 'edle,
     feine Sitte und Fertigkeit', tump 'unklug, ungelehrt', vruowe
     'Herrin, Dame', vuoge, vuoc 'Schicklichkeit', zuht 'feine Sitte
     und Lebensart

한편 게르만어에서 유래한 어휘가 궁정 서사시에서는 별로 쓰이지 않았지만, 영웅서사시나 음유시인들의 언어에서는 상당수 있다.

> **z.B.** balt 'kühn', bouc 'Spange', degen , helt, recke, wigant 'Krieger,
> Held', dürkel 'durchbohrt', ellen 'Mut, Tapferkeit', gemeit
> 'fröhlich', mære 'berühmt', gêr 'Wurfspieß' snel 'stark, tapfer'

중세 기사들의 언어는 불어에서 많은 어휘가 차용되었으며, 이중에는 신고지독일어에서도 계속 통용되고 있는 어휘가 상당수 있다.

> **z.B.** Abenteuer, Banner, Flöte, Harnisch, Juwel, Kristal, Lanze, Panzer,
> pirschen, Plan, Posaune, Preis, Reigen, Reim, Rotte, Rubin, Stiefel,
> Tanz, Turm, Turnier

중고지독일어 시대에 불어의 영향은 조어 과정에서도 볼 수 있다. 오늘날 독일어에서 볼 수 있는 -ei, -ie, -ieren, -lei 등의 후철이 이 당시에 불어에서 차용된 것이다.

> **z.B.** Arznei, Partie, halbieren, allerlei

독일이 10~14세기에 걸쳐 동방으로 영토를 확장해가면서 슬라브어에서도 상당수의 어휘가 차용되었다.

> **z.B.** Baude, Graupe, Grenze, Gurke, Jauche, Kren, Kretscham,
> Kumm(e), Kürschner, Peitsche, Petschaft, Prahm, Qwark,
> Schöps, Stieglitz, Trappe, Zeisig, Ziesel, Zobel

5. 중고지독일어의 작품

중고지독일어가 문어로서는 하나의 통일된 언어였지만, 대체로 북부 Alemannisch나 Ostfränkisch와의 일치점을 보이고 있으며, 이것은 Staufen

왕조의 영향력이 크게 작용한 것으로 보인다. 12~13세기의 Staufen왕조 때의 문학 작품들은 고전주의 이후의 근대 독일문학에 못지않은 많은 우수한 작품이 나타났다.

(1) 승려들에 의한 세속문학 작품

고고지독일어 시대에는 승려들이 포교의 목적으로 주로 기독교 문헌을 남겼지만, 중고지독일어 시대에 이르러서는 승려들도 세속적인 작품을 쓰게 되었다.

① Alexanderlied

1130년경에 Lamprecht가 고대불어로 쓰였던 작품을 번안한 것이다. Alexander대왕의 페르시아와 인도 원정을 내용으로 한 서사시이다.

② Rolandslied

1170년경에 Konrad가 고대불어로 쓰였던 작품을 번안한 것이다. Karl 대제의 그리스도교 군대가 스페인의 이교도 사라센군과의 전투에서 Roland장군의 비장한 최후를 그린 내용이다.

(2) 음유시인들의 작품

고고지독일어 시대에도 각 제후들의 궁정을 찾아다니면서 게르만 민족의 대이동기의 영웅들의 사적을 들려주던 음유시인들(Skopen)이 있었으나, 중고지독일어 시대에 이르러서는 이런 음유시인들(Spielleute)이 직접 쓴 작품들을 들려주었다.

① König Rother

1160년경 무명의 작가가 게르만인들의 전설을 소재로 하여 쓴 서사시이다. 주인공 Rother왕은 그리스의 공주인 미녀에게 사자를 시켜 구혼하였으나, 그리스왕으로부터 거절당하자, 직접 원정하여 무력과 계략으로 미녀를 얻게 되는 내용의 작품이다.

② Herzog Ernst

1180년경 무명의 작가가 십자군 원정에서의 체험담을 그린 작품이다. 주인공 Ernst는 부왕에게 반기를 들고 실패하자 십자군 원정을 떠나며, 원정 중에 주인공은 많은 기이한 체험을 하며, 많은 위험과 고난을 겪은 끝에 부왕과 화해를 하는 내용의 작품이다.

(3) 궁정서사시

기사들이 궁정을 무대로 하여 저작하였던 서사시였으며, 프랑스와 가까운 지방에서 발달하여 프랑스의 영향이 큰 작품들이었다.

① Heinrich von Veldeke

북부 Rhein지방 출신의 기사로서, 궁정서사시의 선구자라 할 수 있다. 1180년대에 고대 불어로 쓰였던 Roman d'Eneas를 번안한 Eneide는, 트로이의 장군인 주인공 Eneide가 오랜 유랑생활 끝에 이탈리아에서 여왕 Lavina를 사랑하여 결혼하는 내용의 작품이다.

② Hartmann von Aue

Schwaben 출신의 기사로서, 영국의 Arthur왕의 전설을 독일문학에 정착시킨 궁정서사시의 창시자라 할 수 있으며, 4편의 서사시가 있다.

a) Erec

프랑스 시인 Chrétien de Troyes의 Erec et Enide를 번안한 작품이다. 주인공 Erec는 Arthur왕의 수렵대회에서 일등을 하여 Enide와 결혼하지만, 기사의 의무를 게을리 하여 위기에 봉착하게 된다. Erec는 Enide와의 사랑에서의 오명을 씻기 위하여 모험의 여행을 하며, 이 여행에서 Enide 의 도움으로 사랑과 명예를 회복하게 되는 내용의 작품이다.

b) Iwein

Arthur왕의 전설을 소재로 한 작품으로서, 주인공인 원탁의 기사 Iwein은 미녀 Laudine와 결혼하지만, 모험심에 사로잡혀서 아내의 사랑을 잃게 되었다가, 오랜 노력 끝에 다시 명예와 사랑을 되찾게 되는 내용의 작품이다.

c) Gregorius

Gregorius는 남매간의 근친상간으로 태어나서, 이국 땅에서 기사가 되어 귀국하여 적을 물리치는 등 많은 공을 세우고 여왕과 결혼하게 되지만, 여왕이 자기의 어머니란 사실을 알고 속죄하기 위하여 오랜 세월 동안 고행을 하여, 결국 성자가 되어 로마 교황으로 선출된다는 내용의 작품이다.

d) Der arme Heinrich

기독교 신앙의 위대함을 말해주는 Hartmann의 독창적인 작품으로서, 주인공인 젊은 기사 Heinrich von Aue는 신을 저버린 죄로 문둥병에 걸리며, 자진해서 제공하는 순결한 처녀의 심장의 피를 마셔야 나을 수 있다는 의사의 말을 듣고서는 실망한다. 주인공은 자신의 전 재산을 불쌍

한 사람들에게 나누어주고는 어느 시골의 농가에 가서 몸을 의탁하고 살고 있던 중, 농부의 딸이 심장의 피를 제공하겠다고 나서자, Heinrich 도 농부도 반대하지만, 소녀의 생각을 꺾을 수가 없었다. 그리하여 Heinrich와 소녀는 의사에게 가며, 의사는 소녀의 진심을 확인하고서 소녀를 수술하려는 순간, 이를 지켜보던 Heinrich가 자기 때문에 소녀가 희생되는 것을 볼 수가 없어서 수술을 중단시킨다. 그 순간에 신의 은총으로 문둥병이 낫게 되어 Heinrich는 소녀와 행복하게 산다는 내용의 작품이다.

③ Wolfram von Eschenbach

Wolfram은 중세 최대의 서사시인으로서, 중세문학에 있어서 최고의 걸작이라 일컬어지는 Parzival을 남겼다.

a) Parzival

Parzival은 Wolfram이 프랑스의 시인인 Chrétien de Troyes의 작품을 소재로 하여 썼으나, 단순한 모방에 그치지 않고 주인공의 정신적 발전 과정을 그림으로써, 교양소설의 선구적인 작품을 이루었다.

기사의 싸움에서 남편을 잃은 Herzeloide는 유복자인 Parzival이 기사가 되지 못 하도록 모자가 숲속에 숨어 살지만, Parzival은 결국 기사가 되자 어머니는 슬퍼하다가 죽는다. 그리고서 Parzival은 Arthur왕의 궁정에 들어가서 기사가 되고, 기사수업을 계속하기 위하여 모험길에 오른다. Gralsburg에 도착한 그는 기사도의 가르침에 따른다고 착각하여 성배왕의 고통을 모른 채 하는 실수를 저질러 유랑하게 되었다. 그는 동굴의 은둔자로부터 성배와 성배의 왕에 관한 설명을 듣고는 성배왕을 구하게 되고, 자신이 성배왕이 되어 오랫동안 헤어져 있었던 아내와 다시

만나 행복하게 산다는 내용의 작품이다.

④ Gottfried von Straßburg

Elsaß 지방 출신의 시인으로서, 미완의 작품 Tristan und Isolde를 남겼다. 이 작품은 본래 Anglo-Normann 지방 출신의 시인 Thomas가 프랑스어로 쓴 Roman de Tristan et Iseut를 번안한 것이다.

a) Tristan und Isolde

어려서 부모를 잃은 Tristan은 외삼촌인 Marke왕의 세자가 되지만, 이를 시기하는 무리들이 Marke왕을 아일랜드의 공주인 금발의 Isolde와 결혼하도록 권하며, 그 사신으로 Tristan을 아일랜드로 보낸다. 돌아오는 배 안에서 Tristan과 Isolde는 시녀가 주는 포도주를 마시고 사랑에 빠지며, 이들의 계속되는 사랑은 결국 왕에게 발각되어 Tristan은 추방되어 아룬델의 궁정으로 가서 그곳의 공주와 사랑하게 되지만, Isolde를 잊지 못 한다.

원작은 여기서 끝나고 나머지 부분은 후대에 Ulrich von Turheim과 Heinrich von Freiberg가 가필하여 완성하였다.

후속부분의 내용은, Tristan은 아룬델의 공주와 결혼한 후 전쟁터에서 부상을 입자, 신비스런 치료약을 가진 Isolde를 기다리다가 죽으며, 뒤늦게 달려온 Isolde는 Tristan의 시신을 안고 따라 죽는다.

Marke왕은 두 사람을 묻어주고, Tristan의 무덤에는 포도나무를 심어준다. 장미와 포도 넝쿨이 자라 엉키며, 이들은 죽음에 의하여 영원히 맺어진다는 내용으로 끝난다.

(4) 연가(Minnesang)

연가는 프랑스의 프로방스 지방에서 기사들이 귀부인을 존경과 숭배의 대상으로 삼고 봉사하던 데에서 유래하였으며, 그 내용은 주로 고귀한 부인을 예찬하고, 봉사하는 기쁨이나 이별의 슬픔 등을 노래하고 있다.

12~13세기에 대표적인 시인으로는, 고귀한 부인에게 경애를 바치고 봉사함으로써, 자신의 인격을 승화시키려는 감정을 노래한 Hohe Minne 의 시인인 Reinmar von Hagenau와, 신분에 관계 없이 여인에 대한 관능적인 사랑을 노래한 Niedere Minne의 시인 Walter von der Vogelweide를 들 수 있다.

(5) 영웅서사시(Heldenepos)

게르만 민족의 대이동기의 영웅전설이 오랫동안 구전되어 오던 것이 중고지독일어 시대에 와서 국민서사시로 완성된 것이다. 대표적인 작품으로는 Nibelungenlied와 Gudrun이 있다.

① Nibelungenlied

1200년경 Siegfried의 전설과 Buegund 의 멸망사를 종합하여 쓴 비극적인 서사시이다. 모두 39장으로 되어 있으며, 19장까지의 제1부는 Siegfried의 죽음에 관한 이야기이고, 20장부터의 제2부는 Kriemhild의 복수에 관한 이야기이다.

② Gudrun

1230년경에 쓰인 서사시로서, 바다를 무대로 하여 여인의 정절을 다루고 있다. 모두 3부로 구성되어 있으며, 제1부는 Gudrun의 조부인 Hagen의 성장과정에 관한 이야기이고, 제2부는 Gudrun의 어머니의 성장과정에 관한 이야기이고, 제3부는 Gudrun에 관한 이야기로 구성되어 있는 작품이다.

6. 결론

중고지독일어는 11세기 중엽부터 기사계급이 사회의 주도적인 세력으로 등장한 중세 전성기의 언어이며, 이 언어는 영웅서사시나 연가 등으로 표현되었던 일종의 문어였다. 따라서 십자군 원정 이후 기사계급이 몰락하자 중고지독일어의 운명도 역시 이와 함께 하였던 것이다.

고고지독일어에 비하여 중고지독일어에서 나타난 언어의 갱신현상은 다음과 같다.

① i-Umlaut의 확장
② 강세가 없는 음절의 모음의 약화
③ 자음의 광범위한 동화
④ 어말음 b, d, g, v, h의 경화
⑤ 어형변화의 간소화
⑥ 외래어 차용 등을 통한 어휘의 증가

V. 초기 신고지독일어(Frühneuhochdeutsch)

1. 서설

중고지독일어는 중세 전성기의 기사들의 초지역적인 문어였으나, 중세 전성기의 농업경제가 중세 말기의 수공업과 상업의 도시로 사회가 변화함에 따라, 언어도 중고지독일어와는 다른 새로운 모습이 나타나게 되었다. 중세 말기의 다양한 계층의 언어인 초기 신고지독일어는 14세기 중엽부터 17세기 중엽까지의 언어로서, 이 기간에는 언어권이 동쪽으로 계속 확장되며 4대 방언군이 형성되었다.

1) Mittelniederländisch : 13세기에 Flandern 및 Brabant 지역의 도시에서 상용어로 사용되었던 방언이며, 16세기 말에 네덜란드가 독립한 이후 독자적인 길을 걸어 오늘날의 네덜란드어가 된 것이다.
2) Mittelniederdeutsch : 14세기 이후 독일 북부지방의 Hansa동맹의 언어였으며, 17세기 이후 Hansa동맹이 몰락하면서 이 방언은 경쟁력을 상실하였다.
3) Ostmitteldeutsch : 독일 동중부 지방의 신개척지의 방언이다. 신개

척지에는 독일 각 지방의 주민들이 이주해왔기 때문에 주민들 서로 간에 거의 의사소통이 안 될 정도였다. 그래서 Meißen, Leipzig, Dresden 등의 행정관처가 주민들에게 행정사항을 주지시키기 위하여 지역적 방언의 특색이 비교적 적은 고지독일어를 주로 사용하면서 형성된 방언이다. 이 방언은 Luther가 성서를 독일어로 번역하면서 기본적인 언어로 채택함에 따라 오늘날 표준 독일어의 바탕이 되었다.

4) Gemeines Deutsch : 14~15세기에 독일 남부의 광대한 지역에서 형성된 방언이며, 이 방언은 Hans Sachs나 Sebastian Franck와 같은 작가들이나, Nürnberg나 Augsburg 등의 인쇄소에서 쓰이기도 하며 오랫동안 Ostmitteldeutsch와 경쟁관계였으나, Luther 이후 독일 표준어의 형성과정의 경쟁에서 패배하였다.

초기 신고지독일어는 다양한 계층의 언어였기 때문에 철자법이나 문법에 있어서도 중고지독일어에 비하여 혼란스러울 만큼 다양한 모습을 보이고 있다.

2. 음운론

초기 신고지독일어에는 신고지독일어에서와 같은 특성을 나타내 보이는 일련의 음운상의 변화가 14~16세기에 발생하였다.

(1) 복모음화 현상(Diphthongierung)

중고지독일어의 장모음 î, û, iu는 12세기에 이르러 남부 지방의

Bairisch에서부터 복모음 ei, au, eu(äu)로 바뀌었다.

z.B. mhd. î 〉 frnhd. ei： mhd. îs 〉 nhd. Eis

mhd. û 〉 frnhd. au： mhd. hûs 〉 nhd. Haus

mhd. iu 〉 frnhd. eu(äu)： mhd. hiute 〉 nhd. heute

hiuslîch 〉 häuslich

(2) 단모음화 현상(Monophthongierung)

중고지독일어의 복모음 ie, uo, üe는 12세기에 이르러 Mitteldeutsch에서부터 장단모음(長單母音) i[i ː], u[u ː], ü[y ː]로 바뀌었다.

z.B. mhd. ie 〉 frnhd. [i ː] mhd. liep 〉 nhd. lieb

mhd. uo 〉 frnhd. [u ː] mhd. guot 〉 nhd. gut

mhd. üe 〉 frnhd. [y ː] mhd. güete 〉 nhd. Güte

(3) 모음의 장단의 변화

중고지독일어에서 개음절(開音節 : offene Silbe)에서의 단모음은 초기 신고지독일어에서 장모음으로, 폐음절(閉音節 : geschlossene Silbe)에서의 장모음은 단모음으로 바뀌었다.

z.B. mhd. sagen[zágən] 〉 nhd. sagen[zá ːgən]

mhd. brâhte[brá ːxtə] 〉 nhd. brachte[bráxtə]

그러나 초기 신고지독일어의 말기부터는 모음의 장단을 표시하기 위하여 묵음 h를 첨가하거나, 중자음화 하는 표기법이 성행하였다.

z.B. mhd. nemen[némən] 〉 nhd. nehmen [né ːmən]

mhd. komen[kómən] 〉 nhd. kommen [kómən]

(4) 어중음이나 어말음 e의 탈락

13세기 이후부터는 어중음(Synkope)에서나 어말음(Apokope)에서 강세가 없는 e는 탈락되었다. 특히 동사의 인칭어미나 명사의 어말음절에서나, 복모음이나 비음이나 유음이나 무성파열음 다음에서나, 파생후철의 말음 e가 주로 탈락되었다.

z.B. 1) mhd. klagete 〉 nhd. klagte

mhd. nimest, nimet, nemet 〉 nhd. (du) nimmst

(er) nimmt

(ihr) nehmt

mhd. gelîch 〉 nhd. gleich

mhd. maget 〉 nhd. Magd

mhd. dienest 〉 nhd. Dienst

mhd. houbet 〉 nhd. Haupt

mhd. swane 〉 nhd. Schwan

mhd. schœne 〉 nhd. schön

mhd. küele 〉 nhd. kühl

mhd. meie 〉 nhd. Mai

mhd. vorhte 〉 nhd. Furcht

mhd. stumpfe 〉 nhd. Stumpf

z.B. 2) mhd. -ære 〉 frnhd. -er : mhd. vischære 〉 nhd. Fischer

mhd. inne 〉 frnhd. -in : mhd. küniginne 〉 nhd. Königin

mhd. -nidde 〉 frnhd. -nis : mhd. vinsternisse 〉 nhd. Finsternis

mhd. -unge 〉 frnhd. -ung : mhd. samenunge 〉

nhd. Versammlung

그러나 중고지독일어에서 소멸되었던 모음 e가 초기 신고지독일어에서는 문법의 통일을 기하기 위하여 광범위하게 재생되었다.

① 동사의 부정사에서

z.B. mhd. varn 〉 nhd. fahren

② 명사변화에서

z.B. mül 〉 nhd. Mühle (f. Sg. N.)

nhd. spil 〉 nhd. Spiele(Pl. N.)

mhd. spiln 〉 nhd. Spielen (Pl. D.)

③ 형용사의 비교급에서

z.B. mhd. ê, êr 〉 nhd. eher 〉 nhd.

(5) 어중음이나 어말음의 u 및 ü의 o 및 ö로의 변화

mhd.에서의 u 및 ü는 frnhd. 이후로 흔히 o 및 ö로 바뀌었는데, 이런
변화는 비음 및 유음과 결합된 u 및 ü의 경우에 심하였다.

z.B. mhd. sun 〉 nhd. Sohn

mhd. künec 〉 nhd. König

mhd. antwurt 〉 nhd. Antwort

(6) 원순음화 및 평순음화

mhd.의 평순음 i, e는 13세기 이후로 원순음 ü, ö로, 원순음 ü, ö, öu/iu
는 평순음 i, e, ei로 바뀌었다.

z.B. mhd. finf 〉 nhd. fünf

mhd. helle 〉 nhd. Hölle

mhd. büllez 〉 nhd. Pilz

mhd. nörz 〉 nhd. Nerz

mhd. ströufen 〉 nhd. streifen

mhd. spriuzen 〉 nhd. spreizen

(7) 자음동화

이미 중고지독일어에서도 광범위하게 자음이 동화되었으나, 이런 동화 현상은 초기 신고지독일어에서도 계속되었다.

z.B. mhd. dulten 〉 nhd. dulden

mhd. kumber 〉 nhd. Kummer

(8) ʒ, ʒʒ의 변화

중고지독일어에 이르기까지의 ʒ, ʒʒ가 초기 신고지독일어에 이르러서는 s, sz, ß 등으로 표기하게 되었다.

z.B. mhd. eʒ 〉 nhd. es

mhd. eʒʒen 〉 nhd. essen

mhd. aʒ 〉 nhd. (ich, er) aß

(9) 어말음 법칙

중고지독일어에서도 b, d, g, v, h는 어말음에서 p, t, c(ch), f, k(ch)로 경화되었으나, 초기 신고지독일어 시대에 이르러 음가는 그대로 유지되면서도, 표기는 단어의 어원을 존중하여 통일하였다.

z.B. mhd. grap, grabes 〉 nhd. Grab, Grabes

mhd. leit, leides 〉 nhd. Leid, Leides

mhd. tac, tages 〉 nhd. Tag, Tages

mhd. hof, hoves 〉 nhd. Hof, Hofes

mhd. sehen, sach 〉 nhd. sehen, sah

3. 어형론

1) 명사

중고지독일어에서도 명사변화를 어간후철에 따라 식별하기는 거의 불가능하지만, 초기 신고지독일어에서는 명사변화를 어간후철에 따라 분류한다는 것 자체가 무의미한 것이다. 따라서 초기 신고지독일어에서의 명사변화는 신고지독일어에서와 마찬가지로 강변화와 약변화의 양대 변화체계로 분류된다. 다수의 명사에서 어말음 e가 탈락되면서 명사의 성이나 변화체계가 바뀌기도 하였고, i-Umlaut 표기가 명사의 복수형의 특징이다시피 하였고, 신고지독일어에서의 소위 강변화 3식의 변화를 하는 명사가 대폭 증가하였다.

(1) 강변화

z.B. tag : m. Tag, burger : m. Bürger, rat : m. Rat,
land : n. Land, kint : n. Kind, jar : n. Jahr, sache : f. Sache,
kraft : f. Kraft, stat : f. Stätte, bruder :   m. Bruder

Sg.		tag	burger/	rat/	land/	kint
	N.	tag	burger	rat	land	kint
			bürger	rate	lant	
	G.	tages/	burger(e)s	rates/	landes/	kindis
		tagis/		rats		
		tags				
	D.	tage/	burger(e)	rate/	lande/	kindis
		tag		rat/rath	land	kinde

	A.	tag	burger/ bürger	rat/ rate	lant	kint
Pl.	N.	tage/ tag	burger(e)/ bürger	rete/ räth	land/ lande	kint/ kind/ kinder
	G.	tage/ tag	burger(e)	rete/ ret	lande/ land	kint/ kinden/ kinder
	D.	tagen/ tagin	burger(e)n	reten	landen	kindern/ kinden
	A.	tage/ tag	burger(e)	rete/ räth	land/ lande	kint/ kind/ kinder
Sg.	N.	jar	sach/ sache	kraft	stat/ stet	bruder
	G.	jares/ jars	sache/ sach/ sachen	kraft	stat/ stet	bruder/ brudir/ brudirs/ bruders/ brudern
	D.	jare/ jar	sache/ sach/ sachen	kraft/ krafte	stat/ stet	brudire/ brudir/ brudere/ brudern

		A.	jar/	sache/	kraft/	stat/	brudir/
			jare	sach/	krafte	stet	bruder/
				sachen			brudern
Pl.	N.		jar/	sache/	kreft/	stet/	bruder/
			jare	sach/	krefte/	stete/	brudere/
				sachen	kreften	steten	brüder/
							brüdere
	G.		jare/	sache/	kreft/	stet/	brudere
			jar	sach/	krefte/	stete/	
				sachen	kreften	steten	
	D.		jaren/	sachen	kreften/	steten	bruderen/
			jarn		kreftin		
	A.		jar/	sache/	kreft/	stet/	brudere/
			jare	sach/	krefte/	stete/	bruder/
				sachen	kreften		brüder/
							brüdere

(2) 약변화

z.B. Herr : m. Herr, forst : m. Fürst, kirche : f. Kirche, hertz : n,. Herz

Sg.	N.	Herre/	forst	kirche/	hertz/
		Herr		kirch/	hertze
				kirchen	
	G.	Herren/	forstin	kirchen/	hertze/
		Herrn		kirche/	hertzens

			kirch	
D.	Herren/	forstin	kirchen/	herczen/
	Herrn		kirche/	herzin/
			kirch	hertz
A.	Herren/	forstin	kirchen/	hertze/
	Herrn		kirche/	hertz
			kirch	
Pl. N.	Herren/	furste/	kirchen	hertzen/
	Herrn	forstin		herze/
				herz
G.	Herren/	forstin	kirchen	hertzen
	Her(r)n			
D.	Herren/	forstin	kirchen	hertzen
	Hern			
A.	Herren/	forstin	kirchen	hertzen/
				hertz/
				hercze

명사변화는 위의 예에서 볼 수 있는 바와 같이 그 체계가 거의 무질서에 가까울 정도이지만, 변화의 틀 자체는 결국 신고지독일어에서와 마찬가지로 단수의 경우, 강변화(어미 : -s)와 약변화(어미 : -n)와 무변화의 3종류로 구분할 수 있고, 단수가 복수로 바뀔 경우에는, 무어미의 명사, 어미 -e가 첨가되는 명사, 어미 -er이 첨가되는 명사로 구분할 수 있다.

2) 대명사

(1) 인칭대명사[86]

		1인칭	2인칭	3인칭		
				m.	f.	n.
Sg.	N.	ich	du	er/her/he	es/iz	sie
	G.	mein/meiner	dein/deiner	sein/siner	es/sin	ir/ihr/i(h)rer
	D.	mir/mi	dir/di	ime/im/	ime/im/	ir/ihr/ire
				ihme/ihm	ihme/ihm	ihre
	A.	mich	dich	in/ihn/ine/ihne	ea	sie
Pl.	N.	wir/wi	ir	si/sie		
	G.	unser/unserer	euer	ir/ihr/irer/ihrer		
	D.	uns	eu/euch	i(h)n, i(h)ne, i((h)nen		
	A.	uns	euch	sie/sie		

초기 신고지독일어부터는 대명사 및 형용사의 변화에서 3인칭 복수의 경우 성의 구별이 없어졌다.

---

86 (1) 인칭대명사의 각 격어형은 3인칭의 대격(A.)을 제외하고는 재귀대명사로도 사용되었으나, 3인칭 단수 및 복수에서는 별도의 어형인 sich를 재귀대명사로 사용되었다.
(2) 인칭대명사의 속격(G.)은 소유대명사로도 사용되며, 부가어로서의 용법에서는 형용사 강변화를 하였다.

(2) 정관사[87]

		m.	n.	f.
Sg.	N.	der	das	die
	G.	des/desse/desses/dessen	des/desse/desses/dessen	der
	D.	deme/dem	deme/dem	der
	A.	den	das	die
Pl.	N.	die/diu	die/diu	die/diu
	G.	der/derer/deren	der/derer/deren	der/derer/deren
	D.	den/denen	den/denen	den/denen
	A.	die/diu	die/diu	die/diu

3) 형용사

초기 신고지독일어에서도 신고지독일어에서처럼 형용사를 부가어로 쓰거나 명사화할 때에는 형용사 변화를 하며, 문법적인 격 표시가 없으면 강변화를 하고, 있으면 약변화를 하였다.

---

87 신고지독일어에서는 정관사의 속격(G.) 및 복수 여격(D.)의 어형이 지시대명사 및 관계대명사의 어형과 다르지만, 초기 신고지독일어에서는 동일한 어형을 사용하였다. dessen, deren은 각각 ihnen과의 유사현상으로, derer는 aller와의 유사현상으로 12세기 에서부터 생겨났다.

(1) 강변화

z.B. gut

		m.	n.	f.
Sg.	N.	gut/gut(e)r	gut/gut(e)s	gut/gute
	G.	gutes	gut(e)s/gut(e)n	gut(e)r
	D.	gut(e)m	gut(e)m	gut(e)r
	A.	gut(e)n	gut/gut(e)s	gut/gute
Pl.	N.	gut(e)	gut(e)	gut(e)
	G.	gut(e)r	gut(e)r	gut(e)r
	D.	gut(e)n	gut(e)n	gut(e)n
	A.	gut(e)	gut(e)	gut(e)

(2) 약변화

		m.	n.	f.			
Sg.	N.	gut(e)	gut(e)	gut(e)	pl.	N.	gut(e)/gut(e)n
	G.	gut(e)n	gut(e)n	gut(e)n		G.	gut(e)n
	D.	gut(e)n	gut(e)n	gut(e)n		D.	gut(e)n
	A.	gut(e)n	gut(e)	gut(e)		A.	gut(e)/gut(e)n

(3) 수사

① 부정관사 및 수사 1

	m.	n.	f.
N.	ein	ein	ein(e)e
G.	ein(e)s	ein(e)s	ein(e)r/ein(e)re
D.	einem(e)/eime	einem(e)/eime	ein(e)r/ein(e)re
A.	ein/einen	ein	ein/eine

② 수사 2

	m.	n.	f.
N.	czwen(e)	zwei/zwai	czwu/zwo
G.		zweyer/czweiger/zwaier	
D.		czweyn/zweien/zwen	
A.	czwen(e)	zwei/zwai	czwu/zwo

③ 수사 3

	m.	n.	f.
N.	drij/drie/drey	dri/dru/drey	drij/drie/drey
G.		drier/driger/dreyer	
D.		drin/dren/dryen/dreyen	
A.	dri/drie/drey	dri/dru/drey	dri/drie/drei

4) 동사

(1) 강변화동사

초기 신고지독일어의 강변화동사의 모음교체 계열은 중고지독일어의 강변화동사에서와 마찬가지이지만, 초기 신고지독일어에서부터는 과거형의 단수와 복수간의 간모음이 통일되었고, 문법적 교체도 중고지독일어에 비하여 많이 감소하였다.

> **z.B.** mhd. dîhen, dêch, digen, gedigen;
>
> nhd. gedeihen, gedieh, gediehen, gediehen

Kl. I . : Ablautsystem : ei/ie, i/ie/ei/u/e, i/ie/ei/u, i/ie/ei/u(au)

Inf.	1Sg.Prs.	1Sg.Prt.	1Pl.Prt.	Part.Perf.
reiten 'reiten',	reite	ritt	ritten	geritten
bleiben 'bleiben',	blibe	blieb/	blieben/	(ge)blieben
		bleib	bleiben	bleiben

Kl. II. : Ablautsystem : ie/au/eu, o/u/ou/a, o/u, o/u

Inf.	1Sg.Prs.	1Sg.Prt.	1Pl.Prt.	Part.Perf.
bieten 'bieten',	biete	bot/	boten/	geboten/
		but	buten	gebuten
giessen 'gießen',	geusse	goss	gossen	gegossen

Kl. III. : Ablautsystem : i, a/o/u, a/o/u, o/u

Inf.	1Sg.Prs.	1Sg.Prt.	1Pl.Prt.	Part.Perf.
binden 'binden',	binde	band/	banden/	gebunden
		bund	bunden	
helfen 'helfen',	helfe/	holf/	holfen/	gehulfen
	hilf	hulf	hulfen	

Kl. IV. : Ablautsystem : e, a/o/u, a/o/u, o/u

Inf.	1Sg.Prs.	1Sg.Prt.	1Pl.Prt.	Part.Perf.
nemen 'nehmen',	neme/	nam/num/	namen/	genomen/
	nim	nom	nomen	genumen

Kl. V . : Ablautsystem : e, a/o/u, a/o/u, e/o

Inf.	1Sg.Prs.	1Sg.Prt.	1Pl.Prt.	Part.Perf.

geben 'geben',   gebe/   gab   gaben   (ge)geben

                      gib(e)

Kl. Ⅵ. : Ablautsystem : a, u, u, a

Inf.   1Sg.Prs.   1Sg.Prt.   1Pl.Prt.   Part.Perf.

graben 'graben',   grabe   grub   gruben   gegraben

Kl. Ⅶ. : Ablautsystem : a/â/au/ei/o/u, i/ie/u/ue, i/ie/u/ue, a/â/au/ei/o/u

Inf.   1Sg.Prs.   1Sg.Prt.   1Pl.Prt.   Part.Perf.

fallen 'fallen',   falle   fiel/   fielen/   gefallen

                                   ful/   fulen/

                                   fuel   fuelen

(2) 약변화동사

중고지독일어에까지 강변화를 하던 동사 중에서 초기 신고지독일어
시대에 이르러 약변화를 하게 된 동사가 상당수 있다.

z.B. bellen, falten, hinken, kîmen 'keimen', niesen, salzen, spalten, spannen

초기 신고지독일어의 약변화동사는 변화체계가 신고지독일어에서와
마찬가지이지만, 소위 Rückumlaut를 하는 동사가 신고지독일어에서보
다 더 많았으며, 이들 동사를 혼합변화 동사라는 별개의 동사군으로 구
분하지는 않았던 것이다.

z.B. brennen, brannte/brenn(e)te, gebrann(e)t/gebrenn(e)t

        wirken, wirkte/worchte/wurckte, gewirkt/geworcht

(3) 과거현재동사

	Inf.	1.2.Sg.Prs.	1Sg.Prt.	Part.Perf.
Kl. I. :	wissen	weiß/	wesse/weste/wisse	(ge)wist/gewost/
		weiß	wiste/woste/wuste	gewust
Kl. II. :	taugen/	taug/	taugte/tochte/	(ge)tocht/
	tugen/	tauget	tuchte/tüchte	(ge)tugt
	tügen/	tauget	tuchte/tüchte	(ge)tugt
Kl. III. :	gonnen/	gan/	gonnet/gönnete/	(ge)gonnet/
	gönnen/	gönnt	gonnet/gönnete/	(ge)gonnet/
	gunnen/		gunnte/	(ge)gunst/
	günnen		günnete	gegün(s)t
	können/	kan	konde/konte/	gekont/(ge)könnt/
	kunnen/		kunde/kunte	(ge)kund
	darfen/	darf	dorfte/durfte	(ge)dorft/(ge)durft/
	dörfen/			(ge)dürft
	dürfen			
	törren/	tar/tart	torste/thurste	getörren/(ge)thurst
	türren			
Kl. IV. :	sollen/	sal/schal	solde/scholde	(ge)solt
	sull(e)n	sol/schol	sulde	
Kl. V. :	mogen/			
	mögen/	mag	mochte/möchet	(ge)mocht/(ge)mücht/
	mugen/			muchte/müchte
	mügen			
Kl. VI. :	müssen	muß	moste/must(e)	(ge)must/(ge)müst

(4) 기타 불규칙동사

Inf.	1Sg.Prt.	1Pl.Prt.	Part.Perf.
wollen/wellen	wolde/wolt(e)	wolden/wolten	(ge)wolt/
wullen/wöllen			gewölt
sin/sein/wesen	war/was	waren/wasen	gewesen/gewest
tuen/tun	tat(e)/tet(e)	thaten/theten	(ge)than
gahen/gan	gie/gieng/	giengen/gingen/	gegan/(ge)gegangen/
gehen/gen	ging/gung	gungen	gegen
stan/sten	stand/stund	standen/stunden	(ge)standen
haben/han	hatt(e)/hett(e)	hatten/hetten	gehaben/gehabet/
			gahan/gehat

중고지독일어에 존재하였던 lâʒen 'lassen'의 축약형 lân은 17세기에 소멸되었다.

※ 동사의 인칭변화

a) 강변화동사

초기 신고지독일어의 강변화동사도 중고지독일어에서와 마찬가지로 모음교체 계열에 따라 분류된다.

그러나 동사의 인칭변화에 있어서는 강변화 제2계열 이외에는 모두 동일한 규칙에 따라 변화하고, 3b계열과 4계열과 5계열 동사의 현재 1인칭 단수형은 간모음이 대체로 복수형의 간모음과 일치하고, 현재 복수 1, 3인칭의 어미가 동일한 형태로 통일되었다.

z.B. reiten, fliehen, singen, helfen, nemen, geben, faren, fallen

❖ 현재형

〈Indikativ〉

Sg.	1.	reite	fliehe/fleüche	sing(e)	helfe/hilf
	2.	reitest	fleuchst	sing(e)st	hilf(e)st
	3.	reitet	fleucht	sing(e)t	hilf(e)t
Pl.	1.	reiten	fliehen	singen	helfen
	2.	reitet	fliehet	sing(e)t	helf(e)t
	3.	reiten	fliehen	singen	helfen
Sg.	1.	neme/nim	gebe/gib(e)	fare	falle
	2.	nim(e)st	gib(e)st	fä(e)st	fäll(e)st
	3.	nim(e)t	gib(e)t	fä(e)t	fäll(e)t
Pl.	1.	nemen	geben	faren	fallen
	2.	nem(e)t	geb(e)t	far(e)t	fall(e)t
	3.	nemen	geben	faren	fallen

〈Konjuktiv〉[88]

〈Imperativ〉

Sg.2. : reit(e) flieh(e) sing(e) hilf(e) nim(e) gib(e) far(e) fall(e)

Pl.2. : reitet flieh(e)t sing(e)t helf(e)t nem(e)t geb(e)t far(e)t fall(e)t

〈Partizip Präsens〉

reitend(e) fliehend(e) singend(e) usw

---

88 접속법 어형은 초기 신고지독일어와 신고지독일어가 서로 동일하다.

❖ 과거형

〈Indikativ〉

Sg.1.3 : ritt floh/ sang half/ nam/ gab fur fiel

　　　　　　 fluh　　　　　 hulf num

Pl.1.3 : ritten flohen/ sangen/ halfen/namen/ gaben furen fielen

　　　　　　 fluhen sungen hulfen nomen

〈Konjuktiv〉

Sg.1.3 : ritte flöhe sünge hülfe näme gäbe füre fiele

Pl.1.3 : ritten flöhen süngen hülfen nämen gäben füren fielen

〈Partizip Perfekt〉

　　 geritten geflohen gesungen geholfen usw.

b) 약변화동사

z.B. sagen

❖ 현재형

　　　〈Indikativ〉　　　　　　〈Konjunktiv〉　〈Imperativ〉　〈Partiziv〉

Sg. 1. sag(e)/sagen　　　　 sag(e)　　　　　　　　　　 sagend(e)

　 2. sag(e)st/ -ist/-is　　 sag(e)st/-st　　 sage

　 3. sag(e)t/-it　　　　　 sag(e)

Pl. 1. sagen/-in/-ent　　　 sagen/-in

　 2. sag(e)t/-it/-ent　　 sag(e)t/-it　　 sag(e)t/-it

　 3. sagen/-in/-ent/-int sagen/-in

❖ 과거형

⟨Indikativ⟩	⟨Konjunktiv⟩	⟨Partiziv⟩
Sg. 1. sag(e)t(e)	sag(e)t(e)	(ge)sag(e)t
2. sag(e)t(e)st	sag(e)t(e)st	
3. sag(e)t/-it	sag(e)t(e)st	
Pl. 1.3. sag(e)ten	sag(e)ten	
2. sag(e)t(e)t	sag(e)t(e)t	

c) 기타 불규칙동사

z.B. wollen/wellen, sin/sein/wesen, tuen/tun, gan/gen, stan/sten, haben/han

❖ 현재형

⟨Indikativ⟩

Sg. 1. wil(l)	bin/ben/seyn	tue/tun
2. wil(l)t/-(e)st	bis/bist	tu(e)st
3. wil(l)	is/ist	tut
Pl. 1. wollen/wellen	sein/sin/seint/sint	tuen/tun
2. woll(e)t/well(e)t	seint/sint/seit/sit	tut
3. wollen/wellen	sein/sin/seint/sint	tuen/tun

Sg. 1. gan/gen/ge	stan/sten/ste	habe/han
2. gah(e)st/geh(e)st	stah(e)st/steh(e)st	has/hast
3. gah(e)t/geh(e)t	stah(e)t/steh(e)t	hat
Pl. 1. gan/gen	stan/sten	haben/han

2. gah(e)t/geh(e)t stah(e)t/steh(e)t hab(e)t/hat

3. gan/gen stan/sten haben/han

⟨Konjunktiv⟩

Sg.1.3. wolle/welle sey/seye tue gahe/gehe stahe/stehe habe

⟨Imperativ⟩

Sg.2.	( )	biß/sey/	tu(e)	gehe(e)	sth(e)	( )
		wis/wes(e)				
Pl.2.	( )	sint/seyt	tut	geh(e)t	steh(e)t	( )

⟨Partizip⟩

( )	seynd/	tuende	gehende	stehende	( )

❖ 과거형

⟨Indikativ⟩

Sg.1.3.	wolde/	war/	tat(e)/	gie/	stand/	hatt(e)/
	wolte	was	tet(e)	gieng	stund	hett(e)

⟨Konjunktiv⟩

Sg.1.3.	wolde/	sey/	tät(e)/	gienge	stände/	hett(e)/
	wolte	seye			stünde	hiet(e)

4. 언어의 제층(諸層)

중세 말기의 여러 방언 중에서 신개척지의 방언이었던 Meißnisches Deutsch로 대표되는 Ostmitteldeutsch가 16세기 중반에 Luther의 성서번역 이후 표준 독일어의 형성과정에서 여타 방언군에 대하여 결정적인

승리를 거두게 되지만, 그때까지의 초기 신고지독일어에는 여러 다양한
계층의 특수 어휘들이 나타나며, 이러한 많은 어휘가 금일의 독일어에서
도 계속 통용되고 있다.

고고지독일어나 중고지독일어에 이미 존재하였던 어휘가 초기 신고
지독일어에 이르러서 법률용어로 사용된 경우가 다수 존재하였다.

> **z.B.** aufschreiben, sich beziehen, echt, sich entschuldigen, überzeugen,
> verantworten usw.

14~15세기에 Hansa동맹 권역 내에서의 통상과, 남부 독일의 이탈리
아 등과의 교역을 통하여 상거래에 관한 어휘나 상품명이 많아 나타나
게 되었다.

> **z.B.** Atlas, Bank, Damast Fracht, Gesellschaft, Handgeld, Kapital, Kaufhaus,
> Kaufmannschaft, Konfekt, Konto, Kredit, Makler, Marzipan, Muskat,
> Safran, Schuld, Schuldner, Stapel, verrechnen, Wechsel, Zimt, Zitrone,
> Zucker usw.

중세 말기에 새로운 항로가 열림에 따라 선원들의 어휘가 많이 나타
났다. 이들 어휘는 게르만어에서 유래한 것이 대부분이지만, 이탈리아어,
스페인어, 아랍어 등에서 유래한 어휘들도 있다.

> **z.B.** Bai, Barke, Besan, Boot, Bug, Büse, Düne, entern, Flotte, Fock, Glüver,
> Golf, Havarie, Jacht, Kai, Kajüte, kalfatern, Kapitän, Kombüse, Kompaß,
> Korvette, Kurs, Log, Lotse, Maat, Marine, Mast, Matrose, Mole, Nachen,
> Ruder, Schiff, Segel, Steven usw.

사냥꾼들의 언어에서 유래한 어휘도 있다.

> **z.B.** bärbeißig, berücken, Fallstrick, einkreisen, nachspüren, nachstellen,
> naseweis, unbändig usw.

군대용어도 일상의 언어에 영향을 끼쳤다.

z.B. Ausflucht, Gelegenheit, Lärm, Nachdruck, Vorteil usw.

15세기 중엽에 Gutenberg가 인쇄술을 발명한 이후 남부 독일에서부터 인쇄에 관한 어휘가 나타났다. 이들 어휘는 고유의 독일어로서 남부의 언어적 특징을 지니고 있는 것도 있으나, 다수의 어휘는 라틴어에서 유래한 것이다.

> **z.B.** Abbreviatur, Alinea, Autor, Buchbinder, Buchdrucker, Buchhändler, Colonel, drucken, Duodez, Exemplar, Faksimile, Fliegenkopf, Folio, Format, Hochzeit, Imprimatur, Initiale, Kolumne, Korrektor, Leiche, Makulatur, Manu skriptur, Nonpareille, Oktav, Pagina, Petiit, Quart, setzen, Setzer, Speck, Spieß, Type, Verlag, verlegen, Verleger, Zwiebelfisch usw.

중세 말기의 Mechthild von Magdeburg, Meister Eckehart, Heinrich Seuse, Johannes Tauler 등의 신비주의자들은 독일어에 많은 철학적 종교적 용어를 남겼다. 특히 -heit, -keit, -ung, -lich 등의 파생후철을 복합하여 많은 신조어를 만들었다.

> **z.B.** All, anschaulich, Anschauung, Ausfluß, Berührung, Bewegung, bildlich, Dreiheit, Eindruck, Einfluß, einförmig, Einkehr, einleuchten, Empfänglichkeit, empfindlich,Erhabenheit, Erleuchtung, Erneuerung, Ganzheit, Gegenwärtigkeit, Geistigkeit, gelassen, Gemeinsamkeit, gleichförmig, Gleichhet, hovereise, Ichheit, innerlich, kontemplieren, Läuterung, Minnen, minnesiech, minnewunt, sachlich, Sein, Selbstheit, Substanz, subtil, übergöttlich, übermenschlich, übernatürlich, unaussprechlich, Unendlichkeit, unverständlich, Unwissenheit, Vermengung, Verwandlung,Vielheit, Vision, Wesen, Wesenheit, wesentlich usw.

5. 초기 신고지독일어의 작품

중세 말기에는 시민계급이 사회의 전면에 대두하게 됨에 따라 문학의 터전도 전 시대의 궁정이나 성으로부터 도시로 바뀌었고, 시민계급은 전 시대의 기사계급처럼 교양을 갖춘 사람들도 아니었으므로, 이들의 작품은 주로 중세 전성기의 기사문학을 전승받아 대중화하는 것이었다. 당시의 문학으로는 중세 전성기의 연가를 계승하여 그 내용이 종교적, 교훈적, 역사적이거나 우의(愚意)적인 匠人歌(Meistergesang), 인간의 다양한 감정을 단순 소박하게 읊은 민요(Volkslied), 중세 전성기의 궁정서사시나 불란서의 영웅담 등을 흥미본위의 산문 이야기로 개작하여 발행한 민중본(Volksbücher), 당시에 성행하였던 성탄극(Weihnachtsspiel)이나, 수난극(Passionsspiel)이나, 부활극(Osterspiel) 등으로 대표되는 연극, 당시의 생활상을 익살스럽게 묘사한 풍자문학(諷刺文學)이나, 독일 민족성의 일면을 엿볼 수 있는 신비주의 문학 등을 들 수 있다.

① Rudolf von Ems

서로 상반되는 소재를 취급하여 사실적으로 묘사한 그의 작품들은 당시에 널리 보급되었다. 그의 작품으로는 기사적 모험소설인 Willehalm von Orlens, 점잖은 상인의 이야기인 Der gute Gerhard, 창세로부터 당시까지의 역사 이야기인 Weltchronik, Alexander 대왕의 업적을 찬양한 소설 Alexander, 금욕적인 성자의 이야기인 Barlaam und Josaphat 등이 있다.

② Konrad von Würzburg

독일 최초의 단편 작가라 할 수 있으며, 그의 작품은 신앙과 우의적인 작풍이 특색이다. 그의 작품으로는 여인의 양면성을 우의적으로 묘사한

Der Welt Lohn, 수염 난 Otto의 이야기인 Heinrich von Kempten, Gottfried von Straßburg의 Tristan und Isolde에서 소재를 취한 Engelhard, 고대 전설에서 소재를 취한 미완의 서사시 Trojanerkrieg 등이 있다.

③ Neidhart von Reuental

중세 전성기의 귀부인 대신에 마을의 처녀들을 등장시킨 새로운 경향의 연가를 썼다. 그의 작품으로는 시집 Sommertanzlieder와 Wintertanzlieder가 있다.

④ Ulrich von Lichtenstein

연가문학의 전형적인 형식을 부흥시키려 노력하였던 시인으로서, 그의 작품 묘사는 부자연스럽지만 작품의 표현은 세련미를 보여 준다. 그의 작품으로는 자신의 자서전적인 이야기인 Frauendienst가 있다.

⑤ Tanhäuser

우아한 궁정의 아름다움과 소박한 농촌의 풍경이라는 사로 상반되는 소재를 진지함, 조소, 비탄 등의 독창적인 방법으로 작품을 썼으며, 그의 작품으로는 기사사회의 새로운 무용형식을 보여주는 Tanzleiche가 있다.

⑥ Stricker

민간에 보급되어 있는 소화(笑話)를 궁정문학의 형식으로 묘사하였던 작가로서, 그의 작품으로는 남을 속여서 승원장(僧院長)이 되는 이야기인 Pfaffe Amis, 14세기에 널리 알려져 있었던 사랑의 이야기인 Frauenehre, Rolandslied를 개작한 Karl der Große, 기사 서사시인 Daniel von dem blühenden Tal 등이 있다.

⑦ Sebastian Brant

풍자적인 묘사로써 자신을 반성하며 신에 대한 인식을 새롭게 하도록 작품을 쓴 풍자문학의 작가로서, 그의 작품으로는 여러 유형의 인간을 등장시켜 인간의 약점과 죄악을 징계하는 이야기인 Narrenschiff가 있다.

⑧ Freidank

견언시의 형식으로 진지한 작품을 남긴 시인으로서, 그의 작품으로는 인간의 처세의 지혜를 담은 격언시집 Bescheidenheit가 있다.

⑨ Thomas Murner

Sebastian Brant의 Narrenschiff에서 소재를 취하여 Narrenbeschwörung 이라는 풍자적인 작품을 썼다.

이밖에도 Berthold von Regensburg, Burkart vonHohenfels, Frauenlob, Friedrich von Sonnenburg, Gottfried von Neifen, Heinrich von dem Türlin, Heinrich von Meissen, Heinrich von Mügeln, Heinrich von Neustadt, Heinrich Wittenwilder, Heinzeln von Konstanz, Hudo von Montfort, Huge von Trimberg, Jacobus de Cessolis, Johann von Telpa, Johannes Rothe, Konrad von Ammenhausen, Kuonze Kistener, Oswald von Wolkenstein, Reinmar von Zweter, Teichner, Thomasin von Zerklaere, Ulrich Füetrer, Ulrich von Türheim, Werner der Gärtner, Wirnt von Grafenberg 등의 수많은 작가들의 작품이나, Reynke de Vos(여우 라 이네케), Till Eulenspiegel, Faust 전설 등의 초기 신고지독일어 작품은 굉장히 많다.

6. 결론

13세기 이후부터는 독일에서도 유럽의 다른 국가에서들처럼 원거리 교역과 자본주의의 발전으로 인하여 언어통일의 필요성을 절감하게 되어, 유력한 영주들의 행정관청이 주도하는 언어 통일작업이 시행되었다. 13~15세기에 걸쳐 독일의 주요 상권에서는 경제적 정치적 필요성으로 인하여, 여러 관청어 중에서 Mittelniederländisch, Mittelniederdeutsch, Ostmitteldeutsch, Gemeines Deutsch라는 초지역적인 4대 방언군이 형성되었다. 이들 방언군 중에서 Ostmitteldeutsch와 Gemeines Deutsch는 표준 독일어의 형성과정에서 오랫동안 경쟁관계였으나, Luther가 Ostmitteldeutsch를 바탕으로 하여 성서를 독일어로 번역한 이후부터는 Ostmitteldeutsch가 보다 유리한 입장에서 경쟁을 계속하다가 18세기 말에 이르러 최종적으로 승리자가 된 것이다.

중고지독일어에 비하여 초기 신고지독일어에 나타난 언어의 갱신현상은 다음과 같다.

① 복모음화 현상 :

　　mhd. î, û, iu 〉 frnhd. ei, au, eu(äu)

② 단모음화 현상 :

　　mhd. ie, uo, üe 〉 frnhd. ie[i :], u[u :], ü[y :]

③ 모음의 장단의 변천 :

　　mhd.의 개음절의 단모음 〉 frnhd. 장모음

　　mhd.의 폐음절의 장모음 〉 frnhd. 단모음

④ Synkope, Apokope 및 기타 자음과 모음의 변천

⑤ 어형변화의 간소화 및 평준화 : 명사, 대명사, 형용사 등의 격변화

와 동사변화

⑥ 여러 다양한 계층의 어휘의 출현

초기 신고지독일어는 다양한 계층의 언어의 집합체여서 철자법이나 문법도 다양한 모습을 보이며, 이 시대의 문헌은 많지만 독일에서도 이 시대의 언어에 대한 연구는 제대로 되어 있지 않는 실정이다.

Ⅵ. 신고지독일어(Neuhochdeutsch)

1. 서설

독일어사에 있어서 신고지독일어 시대는 일반적으로 Martin Luther로 부터 시작된다고 본다. 왜냐하면 그의 성서번역이 독일어의 역사에 있어 서 새로운 한 시대를 전개하게 된 요인이었기 때문이다. 그러나 이것은 그가 새로운 언어를 창조하였다거나, 새로운 모습의 언어를 쓰기 시작하 였다는 의미는 아니다.

Luther의 번역 성서의 독일어는 오늘날의 독일어와는 상당히 다른 모 습의 언어인 초기 신고지독일어이며, 또한 그가 성서를 번역했던 당시에 는, 독일어가 수백 년 전부터 변모하기 시작하여 이미 신고지독일어의 언어적 바탕이 조성되어 있었던 것이다.

그럼에도 불구하고 그의 성서번역을 독일어의 역사에서 신고지독일 어의 시발점으로 보는 이유는, 중세 말기의 4대 방언군중에서 어느 한 방언도 타 방언과의 경쟁에서 결정적인 승리를 거두고서 독일어를 통일 할 수 없었던 것을, Luther가 Ostmitteldeutsch의 언어 바탕에서 성서를 번역한 이후, 이 방언이 점차 타 방언 지역에까지 통용되면서 독일어사에 있어서 언어 통일의 새로운 시대를 시작하였기 때문이다.

Luther의 성서번역이 이처럼 엄청난 결과를 가져온 것은, 그가 성서를 독일어로 처음 번역하였거나, 번역 성서의 보급에 일익을 담당하였던 인쇄술의 혜택을 Luther만이 누렸기 때문은 아닌 것이다.

이미 고고지독일어 시대에도 완역은 아니었지만 번안 성서가 존재하였고, Luther보다 1세기 전에 Straßburg의 Mentel 인쇄소에서는 초기 신고지독일어로 번역된 완역 성서를 발간하기도 하였다.

그러면서도 Luther의 성서 번역만이 이러한 결과를 가져올 수 있었던 것은, 그의 성서 번역이 방언의 차이가 비교적 심하지 않고 독일 전역에서 비교적 쉽게 읽혀질 수 있었던 Ostmitteldeutsch의 바탕에서 이루어진 점과, 그의 번역이 명 번역이었다는 점과, 번역 외적 요인으로서 그의 종교개혁에 관련된 종교적 정치적 이유를 들 수 있다. 이러한 제반 요인을 갖춘 그의 번역 성서는 인쇄술의 덕으로 단기간에 대량으로 보급되면서 독일어의 역사에 막대한 영향을 가져온 것이다. 그러나 Martin Luther로부터 시작되었던 신고지독일어의 역사는 그후 1세기 이상의 험난한 길을 걸어 18세기 말에 이르러서야 오늘날의 독일어의 모습으로 나타나게 된 것이다.

2. 인문주의

이탈리아에서는 14세기경부터 그리스 및 로마의 고전 작품을 수집하여 정리하고 연구하는 인문주의(Humanismus) 기풍이 일어났으며, 이 운동은 독일에서도 한편으로는 고전 예술이나 언어에 관한 연구로, 다른 한편으로는 독일의 고대에 관한 연구로 나타났다. 그리하여 독일어에도 그리스어나 라틴어의 영향이 나타나기도 하였고, 또한 이들 언어의 어휘를 독일어로 옮기는 노력도 함께 나타났다.

(1) 그리스어 및 라틴어에서 유래한 어휘

기독교 어휘 : Brevier, Hostie, Monstranz, Prozession,
            Reliquie, Requiem usw.

법률용어 : Advokat, Amnestie, appellieren, Dekret, Hypothek,
            Kaution, protestieren, Prozeß usw.

대학 관련 어휘 : Akademie, Auditorium, Doktor, Examen,
            Fakultät, Ferien, Professor, Rektor, Sexta usw.

음악용어 : Dissonanz, Fuge, Harmonie, Melodie, Note,
            Oktave, Pause, Takt usw.

정치 관련 어휘 : Aristokratie, Audienz, Demokratie,
            Legation, Monarch, Pension, Polizei, Rebellion,
            Regent, Residenz, Tumult usw.

수학용어 : addieren, Arithmetik, Algebra, Diagonale, Diffrenz,
            Distanz, dividieren, geometrisch, multiplizieren,
            Nummer, Proportion, Quantität, subsrahieren usw.

인명 : Agricola, August(us), Buschius, Claudia, Claudius
            Faber (Fabricus), Hektor,Henrici, Julia, Julius, Livia,
            Lukrezia, Maximilian, Melanchthon, Mercator, Molitor,
            Oecolampadius, Piscator, Textor, Viëtor usw.

그리스 로마인들의 성명 표기법을 모방하여 성명을 3단어로 표기하는 방법도 유행하였다.

> **z.B.** Desiderius Erasmus Roterdamus, Johann Wolfgang von Goethe,
> Wolfgang Amadeus Mozart usw.

이밖에도 라틴어의 추상명사 파생후철 -ion이나 현재분사 후철 -entia, -antia 등에서 유래한 어휘도 많이 나타났다.

> **z.B.** Dekoration, Deportation, Operation, Opposition, Spekulation,
> Absenz, Instanz usw.

라틴어의 영향은 어휘뿐만 아니라, 문장의 통사적인 면에도 나타났다. 분사구문의 표현이나, 전치사 용법의 증가나, 형성과정에 있었던 부문장에서의 정동사의 후치의 확정 등이 라틴어에서 영향을 받은 바 크다.

(2) 라틴어 어휘의 독일어 번역

한편 Bebel, Boltz, Murner, Reuchlin, Rhenanus, Wimpfelin 등의 일련의 인문주의자들은 그들의 라틴어 문헌의 독일어 번역을 통하여 독일어에 대한 인식을 새롭게 하였으며, 특히 Ulrich von Hutten은 라틴어 어휘의 독일어 번역을 통하여 독일어의 표현을 더욱 풍부하게 하였다.

> **z.B.** abspannen, Durchlaucht, Erlaucht, Fixtern, Gesichts-
> kreis, Menschenfeind, Mitschüler, obliegen, Seltenheit,
> Zeitgenosse, Abbildung, Belohnung, Erforschung, Unter-
> stützung, Vermählung, Verwechslung, Wiederholung,
> Zerstörung usw.

이밖에도 기하학 분야의 Albrecht Dürer나, 독일어 분야의 Valentin Ickelsamer나, 신학 분야에서의 Martin Luther 등은 모두 독일어의 발전에 공헌한 사람들이다.

3. Luther의 독일어

Luther의 언어는 기본적으로 Ostmitteldeutsch에 바탕을 두고 있었지만, Mittelhochdeutsch나, Niederdeutsch나, Neuhochdeutsch 등의 여러 다양한 언어의 모습도 함께 보이고 있다.

(1) Luther의 독일어의 요소

① Mittelhochdeutsch 요소

banier 'Banner', bapst 'Papst' don 'Ton', ergetzen 'ergötzen', fieng '(ich, er) fing, gieng ich, er) ging, helle 'Hölle', kleinote 'Kleinod', liecht 'Licht', sarck 'Sarg', tichter 'Dichter', trache 'Drache'. werd 'Wert', zabbeln 'zappeln', zwelff 'zwölf' usw.

② Ostmitteldeutsch 요소

ab 'ob', ader 'oder', erbeit 'Arbeit', gewest 'gewesen', gleuben 'glauben', Gottis 'Gottes', son 'Sohn', wider 'weder' usw.

③ Niederdeutsch 요소

beben, Blüte, Fliegen, Heuchler, Hügel, Lappen, Motte, Pflaster, Scheune, spuken, Töpfer usw.

④ Neuhochdeutsch 요소

Name, Rede, Speise, Winde[89] usw.

---

89 Luther는 신고지독일어의 어형에서처럼, obd. 어형에 소위 lutherisches -e라 일컬어지

Fuß, Leute, mein, müde, sieben, Wahl usw.

(2) 대소문자 쓰기

문장의 첫 문자를 대문자로 쓰는 관행은 Luther 이전에도 있었으나, Luther는 인명에서부터 대문자로 쓰기 시작하여, 차츰 중요한 의미를 지닌다고 생각되는 기타 품사의 단어까지도 대문자로 쓰기 시작하였고, 심지어 경우에 따라서는 문장 전체를 대문자로 쓰기도 하였다.

(3) Luther의 독일어의 문법

① 동사의 현재형 복수 1, 3인칭의 어미를 동일하게 썼다.

  z.B. wir/sie fliegen ; mhd. : wir fliegen, sie fliegent

② 문법적 교체를 많이 폐지하였다.

  z.B. ich war, wir waren ; mhd. : ich was, wir wâren

③ Rückumlaut를 많이 폐지하였다.

  z.B. führen, führte ; mhd. : füeren, fuorte

④ 강변화동사의 과거형이나 과거분사형을 중고지독일어의 어형대로 쓰기도 하였다.

  z.B. bleib, schrei, steig, treib ; bracht, funden, kommen, troffen, worden, worfen usw.

⑤ 명사변화에 있어서도 소위 강변화 3식 변화를 증가시켰다.

  z.B. Felder ; (mhd.) velde, Geister ; (mhd.) geiste

  Kinder ; (mhd.) kinde, Männer ; (mhd.) man/manne

⑥ 여성명사의 약변화 단수형을 중고지독일어의 관행에 따라 쓰기도

는 어말음 e를 첨가하였다.

하였다.

> **z.B.** Sg. G. : Frauen, Kirchen, Sg. D. : Hütten, Wunden,
>
> Sg. A. : Gallen, Taschen usw.

⑦ 형용사변화에 있어서도 신고지독일어와의 차이를 보이기도 하였다.

> **z.B.** f. Sg. A. : die ganzen Welt, m. Sg. G. : des morgendes Tages usw.

⑧ 통사적인 면에서는 접속사를 사용하여 주문장과 부문장의 구별을 분명히 하고 있다.

> **z.B.** Luther Bibel, Luk. 2, 7 : Und sie gebar jren ersten Son …… und leget jn in eine Krippen, Denn sie hatten sonst keinen raum in der Herberge. ; Inti bibar ire sun …… inti gilegita inan in crippea. bithi uuanta in niuuas ander stat in themo gasthuse.

⑨ 조어면에서는 현대어와는 달리 옛스런 모습을 보이고 있다.

> **z.B.** deutung 'Bedeutung', samlung 'Versammlung', bedenck 'Bedenken', enthalt 'Enthaltung', fürsprech 'Fürsprecher', edelgesteine 'Edelstein', gestift 'Stiftung', krümme 'Krümmung', drewe 'Drohung' usw.

4. 독일어 정화운동

18세기까지 독일어에 유입된 외래어는 주로 불어였다. 불어가 최초로 유입된 것은 중세 전성기의 십자군 원정 때에 독일 기사들이 불란서 궁정문화와 그 기사들과의 접촉으로 인한 것이었다. 근세에 이르러서는 16세기 후반에서 17세기 전반에 걸쳐 위그노 전쟁 후에 다수의 불란서인

들이 독일로 망명해 왔기 때문이며, 특히 30년 전쟁 후에 독일 국가 전체
가 황폐해지자 불란서의 화려한 궁정문화와 더불어 불어가 대단한 위세
로 독일어를 황폐화시켰던 것이다. 이후 18세기에는 Lous 14세 치하의
불란서 문화가 전 유럽을 휩쓸면서 불어는 외래어로서 독일어에 들어오
는 단계가 아니라, 불어가 독일어를 대신할 듯한 심각한 상태에까지 이
르게 되었다.

17세기 이후 독일어에 유입된 외래어의 어휘로는 다음과 같은 것이
있다.

(1) 불어에서 유래한 외래어
정치 및 법률에 관련된 어휘

> **z.B.** Aktie, Archiv, denunzieren, finanzieren, Garantie, inquirieren, Klausel, Kommission, Konferenz, konsultieren, Personalieren, Präzedenzfall, Privileg, Subjekt, zedieren usw.

칭호나 직명

> **z.B.** Kommissarius, Kurator, Exzellenz, Majestät, Potentat, respektiv usw.

군대용어

> **z.B.** Artillerie, ayyakieren, avancieren, Brigade, demolieren, equipieren, Kapitän, Dragoner, General, Karabiner, Kürassier, Leutnant, Marschall, Munition, Regiment, retirieren, Soldat usw.

기타 어휘

> **z.B.** Biskuit, brav, Frikasse, frisieren, frivol, Garderobe, honett, jovial,

kaprizös, Karaffe, kokett, Makrone, Manschette, Marmelade, nett, no-
bel, pikant, Pomade, Puder, Ragout, rasieren, Sauce, Schokolade, se-
riös usw.

(2) 스페인어에서 유래한 외래어

z.B. Armada, bigott, bizarr, Favorit, Gala, Galan, galant, Galanterie,
Gamasche, Infanterie, Parade usw.

(3) 이탈리아어에서 유래한 외래어

z.B. Alarm, Altan, Arie, Balkon, Ballet, Bankett, bravo, Dilettant, Front,
Galerie, grotesk, Kantate, Kavalier, Kavallerie, Konzert, Kuppel,
Lazarett, Madrigal, Maskerade, Motette, Oper, Operette, Pastete,
Pokal, Possen, Proviant, Rakete, Soldateska, Sonett, Staffette, Stuck
usw.

이와 같이 독일어가 외래어에 의하여 크게 잠식당하자 Martin Opitz
는 1617년에 Aristarchus sive de contemptu linguae Teutonicae
*Aristarchus oder von der Verachtung der deutschen Sprache*라는 저서를
통하여 독일문학 분야에서의 외국의 영향에 대하여 투쟁을 전개하였으
며, 잇따라 독일어의 육성과 독일 국민문학의 장려를 부르짖는 여러 언
어협회(Sprachgesellschaften)가 17세기에 출현하였다. 1617년에 Weimar
에서 Die Fruchtbringende Gesellschaft라는 이름으로 설립되어서, 후에
Palmenorden으로 개칭된 협회가 최초의 가장 중요한 언어협회였다. 이
협회에는 A. Gryphius, G. Ph. Harsdörffer, F. v. Logau, J. M. Moscherosch,
M. Opitz, J. Rist, Ph. v. Zesen, Ch. Gueintz, J. G. Schottel 등 당대의 저명

한 문인들과 언어학자들이 크게 활약하였다.

이밖에도 Aufrichtige Gesellschaft von der Tannen(1633, Straßburg), Deutschgesinnte Genossenschaft(1643, Hamburg), Löbliche Hirtenund Blumenorden an der Pegnitz(1644, Nürnberg), Elbschwanenorden(1656, Wedel), Kürbishütte(1630~50, Königsberg), Poetische Gesellschaft(1677, Leipzig) 등의 여러 군소협회들도 독일어의 육성 및 정화운동에 참여하였다.

예를 들면 Schottel은 그때까지 라틴어로 표현되어 있었던 문법용어를 독일어로 번역하기도 하였다.

z.B. Einzahl, Fall, Geschlecht, Hauptwort, Mehrzahl, Mundart,

Sprachlehre, Wörterbuch, Wortforschung, Zahlwort usw.

기타 분야에서도 여러 사람들이 외래어를 독일어로 번역하였으며, 그 중에서 상당수는 오늘날에도 통용되고 있다.

Harsdörfer의 번역 어휘 :

z.B. Aufzug, beobachten, Briefwechsel, Fernglas usw.

Zesen의 번역 어휘 :

z.B. Anschrift, Augenblick, Bollwerk, Grundstein, Nachruf, Vollmacht usw.

5. 규범문법의 완성

독일어의 규범문법을 수립하려는 노력은 인문주의자들로부터 시작되었다.

독일어의 규범문법이 완성되기까지 독일어 문법서나 문학 분야의 서적을 저술한 사람들과 그들의 저서는 다음과 같이 있다.

① Johannes Turmaier

Grammatik(1512) : 라틴어와 독일어의 비교 문법

② Valentin Ickelsamer

Teutsche Grammatica(1534) : 라틴어와 독일어의 비교 문법

③ Johannes Kromayer

Deutsche Grammatica(1618) : 최초의 완벽한 독일어 문법

④ Justus Georg Schottel

Ausführliche Arbeit von der Teutschen Haubt Sprache(1663) : 최초의 문법 이론서

⑤ Martin Opitz

Von der deutschen Poeterey(1624) : 문예학 이론서

⑥ Johann Christoph Gottsched

Grundlegung einer Deutschen Sprachkunst(1748) :
Meißnisches Deutsch를 이상적인 독일어로 생각하고, 독일어에서의 제반언어현상을 규명하고 규범화하는 데에 절대적인 공헌을 한 문법서

⑦ Johann Christoph Adelung

독일어의 규범문법을 완성한 언어학자이고 사전 편찬자이며, 저서로는 Versuch eines vollständigen grammatisch kritischen Wörterbuches *der hochdeutschen Mundart, Deutsche Sprachlehre, Umständliches Lehrgebäude der deutschen Sprache, Mithridates oder allgemeine Sprachenkunde* 등이 있다.

독일어의 규범문법은 18세기 말에 Adelung에 의하여 오늘날에도 통용되는 형태로 완성되었다. 그전까지의 제반 언어현상을 문법규범으로 완성한 내용은 다음과 같다.

(1) 명사
강세가 없는 어말음 e의 소멸(Apokope)로 인하여 변화체계에 있어서 변화가 발생하였다.

① 게르만어의 -ja- 및 -u-어간에서 유래한 중고지독일어의 -e-가 탈락됨에 따라 이들 어간의 명사는 -a-어간의 명사와 통합되었다.
　　z.B. mhd. kriuse, lêræere, netze, sige 〉 nhd. Kreuz, Lehrer, Netz, Sieg usw.

② 어말음 e가 존속하는 명사는 다수가 변화형이 약변화로 바뀌거나, 성이 바꾸었다.
　　z.B. 1) mhd. hirte, rise 〉 nhd. Hirte, Riese usw.
　　　　 2) mhd. hirse, site 〉 nhd. Hirse, Sitte usw.

③ -e로 끝나는 남, 여, 중성의 약변화명사는 -e가 탈락되면서 -a- 및 -i-변화형으로 바뀌었다.
　　z.B. mhd. blitze, grîse, hane, swane 〉 nhd. Blitz, Greis, Hahn, Schwan usw.

④ -e로 끝나는 여성명사는 -e가 탈락되면서 흔히 성이 바뀌었다.

    z.B. 1) mhd. strâle, witze 〉 nhd. Strahl, Witz usw.

         2) mhd. âventiure, mâze 〉 Abenteuer, Maß usw.

⑤ 변화어미 -en이 주격의 어미로 바뀐 명사가 다수 있다.

    z.B. mhd. balke, hâke, karre 〉 Balken, Haken, Karren usw.

⑥ 남성 강변화의 복수어미 -e는 중성명사에도 많이 나타나게 되었다.

    z.B. mhd. tier (Pl. N.) 〉 nhd. Tiere usw.

⑦ 강변화 3식 변화(Pl. N. -er)는 새로운 많은 중성명사와, 14세기 이후에는 남성명사에도 나타났다.

    z.B. 1) mhd. kint, liecht, vaz 〉 nhd. Kinder, Lichter, Fässer usw.

         2) mhd. geiste, leibe, würme 〉 nhd. Geister, Leiber, Würmer usw.

⑧ 15세기에는 저지독일어(Niederdeutsch)로부터 복수어미 -s가 채택되었다.

    z.B. Haffs, Kommandos, Sofas usw.

(2) 동사

동사변화는 변화체계가 간소화 되는 방향으로 진척되었으며, 동일 시제에서는 어간의 모음이 통일되었다.

① 강변화동사의 직설법 현재 1인칭 단수에서는 간모음이 복수형 및 부정사의 간모음과 통일되었다.

z.B. mhd. gibe, nime, vliuge, biute 〉 nhd. gebe, nehme, fliege, biete usw.

② 강변화 KL. Ⅱ 동사의 직설법 현재 2, 3인칭 단수의 간모음 eu는 폐지되었다.

    z.B. frnhd. beutst, beut; fleugst, fleugt 〉 nhd. bietest, bietet; fliegst, fliegt usw.

③ 강변화동사의 과거형의 단수와 복수의 간모음이 통일되었다.
    ⓐ 단수형으로의 통일

        z.B. mhd. bôt, buten; vant, vunden; half, hulfen 〉

            nhd. bot, boten; fand, fanden; half, halfen usw.

    ⓑ 복수형으로의 통일

        z.B. mhd. gap, gâben; grief, griffen; lêch, lihen; steic, stigen 〉
            nhd.

            gab, gaben; griff, griffen; lieh, liehen, stieg, stiegen usw.

④ 약변화동사의 현재형과 과거형에 있어서 간모음의 Rückumlaut로 인한 차이가 대체로 폐지되었다.

    z.B. mhd. stellen, stalte; trenken, trancte; vüeren, vuorte 〉
        nhd. stellen, stellte; tränken, tränkte; führen, führte usw.

⑤ 동사의 현재형과 과거형에 있어서나, 과거형의 단수와 복수 사이에 있어서 문법적 교체로 인한 차이가 대체로 폐지되었다.

    z.B. 1) mhd. slahen, sluog; verliesen, verlurn 〉 nhd. schlagen, schlugen; verlieren, verlor usw.

    z.B. 2) mhd. dêch, digen; kôs, kurn; zôh, zugen 〉 nhd.

gedieh, gediehen; erkor, erkoren, zog, zogen usw.

⑥ 강세가 없는 e의 소멸로 인하여 동사의 변화어미가 간소화되었다.
  z.B. mhd. hilfest, hilfet; tregest, treget 〉 nhd. hilfst, hilft; trägst, trägt usw.

⑦ 직설법 현재 3인칭 복수형은 1인칭 복수형에 통합되었다.
  z.B. mhd. nement, suochent 〉 nhd. nehmen, suchen usw.

⑧ 강변화동사의 직설법 과거 2인칭 단수형의 어간이 복수형의 어간
  대신에 단수 1, 3인칭의 어간과 통일되고, 어미는 -st가 되었다.
  z.B. mhd. næme, zuge 〉 nahmst, zogst usw.

⑨ 14~15세기 이후 미래조동사로는 werden을 쓰게 되었다.

⑩ 제2술어 성분은 특히 16세기경부터 문장 내에서 후치되었다.

6. 독일어 교육

16~18세기에 문법학자들이 독일어에 기울였던 노력의 결과가 학교
교육을 통하여 널리 보급되었다.

도시 시민들의 경제적 여유의 결과, 학교 교육은 더 이상 중세시대에
서처럼 귀족계급의 전유물이 될 수 없었으며, Elementarschule에서는
Fuchssprecher, Ickelsamer, Kolross 등의 교재로 독일어의 읽기, 말하기,
쓰기의 교육이 실시되었다. Lateinschule에서는 16세기부터 라틴어-독일

어의 문법 및 언어 교육이 실시되었다. 16세기 초부터는 북부 독일의 학교에서도 고지독일어로 교육하게 되었다.

Wolfgang Ratke는 교육개혁과 독일어 교육에 크게 공헌하였다. 그는 1612년에 Frankfurt 제국의회에 독일어 교육에 관한 청원서를 제출하기도 하고, 다양한 교재도 발간하였다. 17세기 중엽에는 전 독일에서 의무 교육이 실시되면서 학교교육에서 독일어의 교육이 더욱 강화되었다. 17세기 후반에 Kaspar Stieler는 Jena 대학에서 최초로 독일어로 강의하였고, 뒤이어 독일의 여러 대학에서 독일어로 강의도 하고 독일어가 강의 과목으로 채택되기도 하였다.

7. 18세기의 독일 작가들

독일어의 규범문법은 18세기 말에 완성되었지만, 18세기에는 중세 말기의 신비주의나 Luther의 성서번역에서 유래한 언어나, 계몽주의자들의 언어나, Sturm und Drang의 언어나, 불란서 혁명이나 영국의 의회민주주의에서 유래한 언어 등 여러 다양한 언어적 영향도 적지 않았다. 그러나 이 모든 언어적 영향보다 독일어의 완성에 결정적 기여를 한 것은 18세기의 일련의 독일 작가들의 문학이었다.

① Friedrich Gottlieb Klopstock

Klopstock는 독일어의 발전에 하나의 전기를 마련하였다. 그의 언어의 음악성과 감성의 풍부함과 주체성은 지금까지 이루지 못하였던 영광을 독일어에 안겨 주었다. 그의 언어는 특히 복합동사와

대담한 분사의 용법에서 볼 수 있다. 그의 언어의 보급으로 인하여

독일 여러 지역 간의 언어의 차이가 많이 해소되었다.

② Gotthold Ephraim Lessing

가장 위대한 계몽주의 작가인 Lessing은 표준 독일어의 형성 과정에서
Klopstock 못지않은 공헌을 하였다. 그의 언어의 특징은 무엇보다도 표
현의 명료함에 있다. 그는 Gottsched나 Adelung과는 달리 다양한 계층의
언어를 채택하였으며, 그의 독일어에 관한 견해는 후대의 언어학자나 작
가들에게 시사하는 바가 컸었다.

③ Christoph Martin Wieland

Wieland 역시 표준 독일어의 형성과정에 지대한 영향력을 행사하였
다. 그는 특히 그 당시까지 Ostmitteldeutsch에 완전히 합류하지 않았던
남부의 독일어에 커다란 영향을 끼쳤다. 그의 언어의 활력은 주로 고대
작가들의 작품과 Shakespeare의 Drama를 번역함으로써 나타났다.

④ Johann Georg Haman

Haman은 감성이 풍부한 언어를 많이 사용함으로써 틀에 얽매인 표현
을 타파하였다. 언어에 관한 그의 이러한 견해는 Sturm und Drang의 작
가들에게 시사하는 바가 컸었다.

⑤ Johann Gottfried Herder

Herder는 시를 인간 언어의 감성적인 힘의 원천으로 보고, 호소력이
강한 어휘나 방언들 즐겨 사용하였다. 그의 이러한 언어구사는 독일어문
학에 새로운 문체를 제공하였다.

⑥ Johann Wolfgang von Goethe

Goethe의 고전주의 작품들은 표준 독일어에 이르는 지평을 열었다. 그의 작품을 통하여 독일어는 현재의 모습을 갖추게 된 것이다.

⑦ Friedrich Schiller

Schiller는 Goethe와 함께 표준 독일어의 형성과정에 크게 공헌하였다. 그의 작품과 역사서의 어휘는 독일어의 표현을 보다 풍부하게 하였다.

8. 19세기의 언어학자들

18세기 말로써 표준 독일어가 완성됨에 따라, 언어에 관한 영구는 새로운 차원으로 전개되었다. 그 첫 번째 단계가 독일 언어학의 창립이었다.

① Friedrich Schlegel

Schlegel은 인간의 사고와 언어의 근원에 관한 연구를 여러 언어의 비교를 통하여 시작하였다. 그의 논문 Über die Sprache und Weisheit der Inder(1808)는 후대의 언어학의 발전에 중요한 의미를 부여하였다. 그의 학문적 견해가 최초로 비교언어학에 관한 프로그램을 제시한 것이다.

② Franz Bopp

Bopp는 Schlegel의 영향으로 비교언어학의 창시자가 된 것이다. 그는 고대인도어의 어형체계를 연구하고, 그 후 다시 여러 인도유럽어를 함께 비교하여 *Über das Konjugationssystem der Sanskritsprache in Vergleichung mit jenem der griechischen, lateinischen persischen und germanischen Sprache*(1816)라는 소책자를 발표하였다.

③ Jacob Grimm

Grimm은 비교언어학에 역사적인 연구방법을 도입하여 역사비교언어학의 창시자가 되었다. 1819년부터 발행하였던 *Deutsche Grammatik*에서 그는 문법체계를 역사적인 관점에서 체계적으로 기술하였다. 그의 언어에 관한 이러한 역사적 연구를 통하여 많은 언어현상을 해명할 수 있었으며, 그는 또한 언어학에 관한 많은 용어를 만들어 내기도 하였다.

z.B. Anlaut, Auslaut, Rückumlaut, starke und schwache Flexion usw.

그가 편찬하기 시작한 *Deutsche Wörterbuch*는 1961년에 완성되었다.

④ Wilhelm von Humbolt

Humbolt는 언어의 내적 법칙의 연구에 몰두하여 일반언어학의 창시자가 되었다.

9. 정서법과 발음의 통일

표준 독일어는 18세기 말에 일단 완성되었으나, 정서법은 그때까지도 완성되지를 못 하였다. 정서법의 통일은 이미 16세기 초부터 인쇄업자들과, 언어교육자들과, 문법학자들로부터 꾸준히 요구되어 왔지만, 독일이 통일국가를 이루지 못하였던 정치적 상황이 하나의 장애요인이기도 하여 19세기에 들어서도 여전히 정서법은 통일되어 있지 않았었다.

정서법의 규범에 관하여 19세기의 비교언어학자들은 언어의 역사적

원칙에 입각하여 통일할 것을 주장한 반면에, 음성학자들은 발음 원칙에 따를 것을 주장하였다. 이러한 두 주장을 R. v. Raumer가 중재하여, 1876년 Berlin에서 제1회 정서법 회의를 소집하여 자신의 계획안을 제출하였다. 이 회의의 결과를 Konrad Duden이 요약하여, 1880년에 *Orthographisches Wörterbuch der deutschen Sprache*를 발간하였으며, 이것이 정서법 통일의 기초가 되었다. 1901년에 Berlin에서 개최된 제2회 정서법 회의에는 독일뿐만이 아니라, Österreich와 스위스의 대표들도 참가하였으며, 이 회의에서 정서법이 완성되었으며, Duden이 1880년에 발간한 사전을 보완하여 1902년에 발간한 것이 모든 독일어권에서 통용되게 되었다.

독일어의 발음 역시 오랜 세월에 걸쳐 통일을 이룩하려 노력해왔지만, 지역 간에 발음의 차이가 심하였다. Ratke 이후 150년간은 주로 Ostmitteldeutsch의 원칙을 따랐지만, 18세기 이후부터 보다 바람직한 발음에 대한 이의가 계속 제기되었다.

일반적으로 남부의 고지독일어에서는 b, d, g, s의 유성음과 무성음의 구별 및, ö, ü, eu와 ei, i, ei의 구별이 분명치 않았다.

독일 구어에 관한 최초의 학문적 공헌은 W. Viëtor가 Die Aussprache des Schriftdeutschen(1885)에서 나타났다. 1898년에는 Th. Siebs의 주재로 무대 대표자들과 고등교육 담당자들의 통일 발음 규범회의가 소집되었다. Siebs는 이 회의의 결과를 요약하여서 *Deutsche Bühnenaussprache*라는 제목으로 발간하였다. 여기서 제기된 독일어의 발음에 관한 규범은, 독일어의 표기는 제2차 자음추이가 이루어진 고지독일어의 어형을 표준어로 하되, 그 발음은 문자로 표기된 대로 충실하게 발음하는 저지독일어의 발음원칙에 따른다는 것이다. 이것이 독일어의 발음에 관한 규범으로서 오늘날까지 통용되고 있다.

10. 결론

신고지독일어의 역사는 Martin Luther로부터 시작되었다고 할 수 있다. Luther로 인하여 그때까지 서로 경쟁관계에 있었던 방언들이 Ostmitteldeutsch를 중심으로 통일되며, 표준 독일어의 과정을 밟게 된 것이다. 그러나 표준 독일어가 완성되기까지는 문법학자들의 공헌과, 언어협회의 외래어에 대한 투쟁이나, 독일어에 대한 교육 등 여러 면에서의 노력이 따랐으며, 특히 18세기의 일련의 작가들의 노력이 크게 공헌하였다.

표준 독일어가 18세기 말에 일단 완성된 이후 언어학자들은 전혀 새로운 방향의 연구를 하게 되었으며, 19세기 이후 독일에서는 역사비교언어학이 크게 발전하게 되었고, 독일에서 시작된 일반언어학은 오늘날 오히려 외국에서 활발하게 연구가 행해지고 있다.

독일어의 정서법과 발음의 통일은 독일 국가의 통일이 늦었기 때문에 19세기 말에서야 이루어졌다. 오늘날의 독일어는 제2차 자음추이가 된 어형을 표준어로 하되, 그 발음은 표기된 문자대로 발음하는 저지독일어의 발음 원칙을 따르고 있다.

오늘날 독일어의 발전경향으로는, 설음으로 발음하였던 r음이 후두음으로 바뀌고 있는 점이나, werden 동사의 접속법 2식 용법의 증가나, 남성 및 중성 명사의 속격어미 -s가 점점 퇴화하고, 그 대신에 전치사와의 결합형이 증가하고 있는 점이나, 문장에서 제2술어성분이 후치되는 문틀 구조가 흐트러지고 있는 점이나, 약어가 남용되고 있는 점 등을 들 수 있다.

참고문헌

1. 인도유럽어

H. Krahe. *Indogermanische Sprachwissenschaft,* I. II. Berlin. 1966.

J. Gonda. *Elementar-Grammatik der Sanskrit-Sprache*. Leiden. 1963.

A. Thumb. *Handbuch des Sanskrit*. Heidelberg. 1959.

Bertolt Delbrück. *Altindische Syntax*. Darmstadt. 1968.

辻直四郎.『サンスクリット文法』. 東京. 1974.

Jacob S. S. 저. 박문성 역.『산스크리트어 통사론』. 가톨릭대학교출판부. 2018.

W. Brandenstein. *Griechische Sprachwissenschaft,* II. III. Berlin. 1959.

E. Bornemann. *Griechische Grammatik*. Frankfurt, Berlin, Mnchen. 1973.

Kühner, Gerth. *Ausführliche Grammatik der Griechischen Sprache*, I. II. Hannover.
　　　1992.

H. Zinsmeister. *Griechische Laut- und Formenlehre*. Heidelberg. 1990.

G. E. Benseler. *Griechisch-Deutsches Schul-Wörterbuch*. Leipzig. 1981.

Kühner, Holzweissig. *Ausführliche Grammatik der Lateinischen Sprache*, I.Teil.
　　　Hannover. 1992.

Kühner, Stegmann. *Ausführliche Grammatik der Lateinischen Sprache*, II. Teil, Bd.
　　　1. 2. Hannover. 1994.

Linnenkugel, Bernert. Oomen, Richter. *Ars Latina*. Paderborn. 1977.

H. Georges. *Ausführliches Lateinisch-Deutsches Handwörterbuch*. Hannover. 1959.

2. 게르만어

F. Holthausen. *Altsächsisches Elementarbuch*. Heidelberg. 1921.

H. Krahe. *Germanische Sprachwissenschaft*, I. II. III. Berlin. 1969.

W. Krause. *Handbuch des Gotischen*. München. 1968.

W. Krause. *Runen*. Berlin. 1970.

M. Lehnert. *Altenlisches Elementarbuch*. Berlin. 1962.

3. 독일어

Braune, Mitzka. *Althochdeutsche Grammatik*. Tübingen. 1967.

Naumann, Betz. *Althochdeutsches Elementarbuch*. Berlin. 1967.

Helm, Ebbinghaus. *Abriß der mittelhochdeutschen Grammatik*. Tübingen. 1966.

Paul, Moser, Schröbler. *Mittelhochdeutsche Grammatik*. Tübingen. 1969.

E, Reichmann. S, Wegera. *Frühneuhochdeutsche Grammatik*. Tübingen. 1993.

R. v. Kienle. *Historische Laut-und Formenlehre*. Tübingen. 1969.

R. Schützeichel. *Althochdeutsches Wöterbuch*. Tübingen. 1974.

M. Lexer. *Mittelhochdeutsches Handwöterbuch*. Stuttgart. 1992.

4. 독일어사, 독일문학사, 독일역사

A. Bach. *Geschichte der deutschen Sprache*. Heidelberg. 1949.

H. Moser. *Deusche Sprachgeschichte*. Tübingen. 1969.

P. v. Polenz. *Geschichte der deutschen Sprache*. Berlin/New York. 1980.

小島公一郎. 『ドイツ語史』. 東京. 1963.

楊應周. 『독어사』. 성균관대학교 출판부. 1986.

B. Boesch. *Deusche Literaturgeschichte in Gruntzügen*. Bern. 1967.

조철제. 『독일문학사』. 대구. 1994.

H. Fuhrmann. *Deusche Geschichte im hohen Mittelalter*. Göttingen. 1983.

J. Leuschner. *Deutschland im späten Mittelalter*. Göttingen. 1983.

B. Moeller. *Deutschland im Zeitalter der der Reformation*. Göttingen. 1988.

H. Bartel. u.a. *Wörterbuch der Geschichte*. Berlin. 1983.

W. König. *dtv-Atlas zur deutschen Sprache*. München. 1974.

趙義尙. 『大世界史』. 제5권.

색 인

> ### 정오표
>
> 70쪽 8행
> Weichse0l → Weichsel
>
> 97쪽 4행
> Nordgermanen → Nordseegermanen